Wandern im Riesengebirge

Kerstin und André Micklitza

DUMONT aktiv

Inhalt

Bitte schreiben Sie uns, wenn sich etwas geändert hat!
Alle in diesem Buch enthaltenen Angaben wurden von den Autoren nach bestem Wissen erstellt und von ihnen und dem Verlag mit größtmöglicher Sorgfalt überprüft. Gleichwohl sind – wie wir im Sinne des Produkthaftungsrechts betonen müssen – inhaltliche Fehler nicht vollständig auszuschließen. Daher erfolgen die Angaben ohne jegliche Verpflichtung oder Garantie des Verlages oder der Autoren. Beide übernehmen keinerlei Verantwortung und Haftung für etwaige inhaltliche Unstimmigkeiten. Wir bitten dafür um Verständnis und werden Korrekturhinweise gerne aufgreifen:

DuMont Reiseverlag, Postfach 10 10 45, 50450 Köln
E-Mail: info@dumontreise.de

Wandern im Riesengebirge

Wandersaison

Die beste Wanderzeit ist Ende Mai bis Mitte Oktober. Viele der beschriebenen Touren sind aber zumindest auf Teilstrecken ganzjährig zu begehen. Im Winter ist die Schneedecke allerdings oft überfroren und glatt. Lawinengefährdete Wege sind meist von November bis April/Mai gesperrt.

Im Herbst und Winter locken Inversionswetterlagen Tourengänger auf die Höhen: Die Temperaturumkehr beschert hier wärmende Sonnenstrahlen und Fernsichten übers Nebelmeer, während es in den Tälern kalt und wolkenverhangen bleibt. In Ferienmonaten Juli und August, über das Wochenende und zu den Feiertagen herrscht am Aufstieg zur Schneekoppe und an vielen Sesselliften Hochbetrieb.

Anspruch

In der Rubrik »Die Wanderung in Kürze« wird jeweils darauf hingewiesen, ob es sich um eine einfache (+), eine mittelschwere (++) oder eine anspruchsvolle (+++) Tour handelt.

Gehzeiten

Alle in diesem Wanderführer aufgeführten Zeiten verstehen sich als reine Gehzeiten. Rechnen Sie bei der Planung einer Tour noch etwa ein Drittel der Zeit hinzu: für Verschnaufpausen an lauschigen Plätzen, für ein Mahl in einer Baude oder für einen Abstecher am Wegesrand. Auch ein Wettersturz kann die Wanderzeit erheblich verlängern. Achtung: Bei starkem Wind wird der Sesselliftbetrieb unterbrochen.

Wege und Markierungen

Das ganze Riesengebirge ist von einem einheitlich und sehr gut markierten Wanderwegenetz durchzogen. Vier Farben (Querbalken) kommen in Böhmen zum Einsatz, fünf in Schlesien, oben und unten jeweils weiß begrenzt: Rot (Fernwanderweg/Hauptwanderweg/Kammweg),

Blau (Strecken mittlerer Länge), Grün (regionale Wanderwege), Gelb (Verbindungswege), Schwarz (Verbindungswege, nur in Schlesien).

Ausrüstung

Knöchelhohe Wanderschuhe mit gutem Profil sind bei allen Touren zu empfehlen. Für längere Abstiege eignen sich Teleskopstöcke; sie schonen die Gelenke und erhöhen die Trittsicherheit. Regenjacke, Sonnenschutz und eine mit Wasser oder Tee gefüllte Trinkflasche gehören bei jeder Tour ins Gepäck.

Wanderkarten

Zu empfehlen sind die Riesengebirgskarten der Verlage VKÚ Harmanec (1 : 25 000 und 1 : 50 000) und Plan Jelenia Góra (1 : 25 000).

Bergwetterdienst

Im Internet: http://www.wetter.de → Reisewetter → Reiseziel: Schneekoppe (3-Tage-Vorausschau). http://pogoda.onet.pl, Polska – pogoda w miastach am Ende der Seite Jelenia Góra (Wetter in der Region Jelenia Góra (4-Tage-Vorausschau www.holidayinfo.cz (Panoramakameras im böhmischen Riesengebirge).

Notruf

In **Polen:** Bergrettungsdienst GOPR Grupa Karkonoska, Tel. 075/752 47 34, Notruf Tel. 985. In **Tschechien:** Bergrettungsdienst Horská služba (HS), Info-Tel. 0438/49 32 38; HS Harrachov Tel. 0432/52 94 49, HS Dvoračky Tel. 0432/52 24 45, HS Pec pod Sněžkou Tel. 0439/89 62 33, Mobil-Tel. 0603/49 69 81, HS Pomezní boudy Tel. 0439/89 12 33.

Mit Bus und Bahn

Bahn und Busse erschließen das gesamte Wandergebiet. Fahrplaninfos über das Internet: www.bahn.de (Züge in Polen und Tschechien), www.vlak-bus.cz (Bahn und Bus in Tschechien), www.sudety.it/pl → Info → rozkłady jazdy PKS (Busse Region Jelenia Góra).

SYMBOLE IN DEN KARTEN

- Gasthaus, Imbiss, Bergbaude (bewirtschaftet)
- Schutzhütte, Unterstand (unbewirtschaftet)
- Kirche
- Kapelle
- Burg, Schloß
- Burgruine
- Aussichtsturm
- Archäologische Stätte
- Denkmal, Monument
- Bergwerk (aufgelassen)
- Wegkreuz, Wegweiser
- Rastplatz
- Höhle
- Wf Wasserfall
- Quelle
- Hervorragender Laubbaum
- Sendemast

Insel der Arktis

Mit den Bergriesen der Alpen oder der Hohen Tatra kann das Riesengebirge zwar kaum konkurrieren, aber dennoch gehört Rübezahls Reich an der polnisch-tschechischen Landesgrenze zu den meistbesuchten Gebirgen Mitteleuropas: Alljährlich werden etwa 12 Millionen Touristen gezählt. Die Besucher finden Gefallen an der Mannigfaltigkeit der Natur auf verhältnismäßig kleiner Fläche; die Nationalparks in Böhmen und Schlesien umfassen zusammen nur knapp 45 000 Hektar.

Schon beim ersten Besuch fühlt man sich nach zwei, drei Tagen heimisch und begrüßt die Berge wie alte Bekannte. In zwei bis drei Stunden erreicht der Wanderer vom Fuße der Berge aus die Kämme und kommt dabei durch verschiedene Vegetationszonen: Erst weichen Buchen und Fichten, der Hochwald schrumpft zu windzerzausten Latschenkiefern. Auch sie gehen schließlich auf Distanz. Über subarktische Hochmoore pfeift der Wind; dies ist eine Landschaft wie in der Tundra. In noch höheren Lagen duckt sich zwergwüchsiges Heidekraut an den Boden, und wir sind im Reich der Flechten, Gräser und Moose.

Von den herzynischen Gebirgen wie Vogesen, Schwarzwald, Harz, Böhmerwald, Erzgebirge und Sudeten ragen nur das Riesen- und das Altvatergebirge über die obere Waldgrenze. Das extreme Klima ergibt sich aus der nördlichen Lage des Riesengebirges. Es erhebt sich über die Niederschlesische Ebene und wirkt wie eine Mauer, auf die kalte, von Norden her kommende Luftströmungen aufprallen. Auch die Oberflächengestalt des Gebirges verstärkt den Kälteeffekt: Milde Westwinde werden so gelenkt, dass sie sich stark abkühlen und auch die Niederschlagsintensität erhöht wird. Das hiesige Klima auf 1000 m entspricht etwa dem in einer Höhenlage von 2000 m in den Alpen!

Das Riesengebirge hat eine herausragende biogeografische Lage. Während mehrerer Inlandvereisungen begegneten sich hier Pflanzen und Tiere aus der nordischen Tundra und den Alpen. Einige Vertreter, in der Fachwelt als Glazialrelikte bezeichnet, haben dank des immerwährenden rauen Klimas in den Hochlagen bis heute überlebt: Alpenspitzmaus, Alpen-Smaragdlibelle und -Mosaikjungfer, Baldachin- und Wolfsspinne, Bergamsel, Bergbach-Dammläufer, Gebirgs-Kamelläufer, Mornellregenpfeifer, Tundra-Blaukehlchen, Wasser- und Wiesenpieper, Windelschnecke, Böhmische Glockenblume, Rote Schneealge, Lindberg-Torfmoos, Sudetisches Läusekraut, Moltebeere, Schneesteinbrech und einige andere. Nach dem Abschmelzen der Gletscher wuchsen Wälder rund um das Riesengebirge. Die Boten der nordischen und alpinen Natur konnten die grüne Barriere seit der letzten Vereisung vor etwa 10 000 Jahren nicht mehr überwinden. Die Isolation auf einer arktischen Insel in Mitteleuropa begünstigt die Herausbildung von Endemiten, Tieren und Pflanzen also, die nur in einem bestimmten Gebiet verbreitet sind. Dazu zählen im Riesengebirge mehrere Insektenarten wie der Spannraupenfalter, aber auch die Schließmundschnecke. Unter den Pflanzen sind fast 30 Arten Habichtskräuter vertreten, ferner Basalt-Moschus-Steinbrech, Riesengebirgs-Witwenblume, die Sudetische Mehlbeere und weitere.

Einzigartig ist die endemische Gesellschaft von Latschenkiefern und Moltebeere. Das Knieholz hat im Riesengebirge seinen nördlichsten Vorposten in Europa, während die Moltebeere hier ihre südlichste Heimat fand.

Als arktische Tundra werden die eisfreien Polarzonen, als alpine Tundra die Regionen oberhalb der Waldgrenze bezeichnet. In den Kammlagen des Riesengebirges existiert eine Mischform, weshalb man hier von der arktisch-alpinen Tundra spricht. Die Jahresdurchschnittstemperatur in den Hochlagen schwankt zwischen 0° und 1° Celsius, Schnee liegt oft 180 Tage. Diese Daten gleichen jenen im Norden Schwedens und Norwegens.

Die Riesengebirgs-Tundra wird durch den Schlesischen Sattel in einen Ost- und einen Westbereich geteilt. Frostbodenformen sind vielerorts erhalten. Die dafür typischen Polygon- und Steinstreifenböden sind am Silberkamm (Stříbrný hřbet) und Hochwiesenberg (Luční hora) ausgeprägt, am Riesenkamm (Obří hřeben) sind die Polygone noch in ihrer Urform ohne Bewuchs zu studieren. Mancherorts erinnern sie gar an steinerne Eisrosen.

Die Riesengebirgs-Tundra ist das Schatzkästchen des Riesengebirges. Sie umfasst nur 16 km^2, gerade einmal vier Prozent der Nationalparkfläche. Nehmen Sie hier ganz besondere Rücksicht auf die einmalige Natur!

Rübezahl

Seit fast einem halben Jahrtausend herrscht Rübezahl über das Riesengebirge. Erstmals zeigte er sich 1561 auf einer Karte des schlesischen Riesengebirges: als Furcht erregender Greif mit Geweih, Schwanz und Hufen, in den Krallen einen Stock.

Seitdem waren der Fantasie der Einheimischen keine Grenzen gesetzt. Anfangs galt Rübezahl als Dämon, der alle bestrafte, die das Geheimnis der Gebirgswelt zu ergründen suchten. Das änderte sich mit der Zeit, und schließlich war er ein Freund und Beschützer der Armen. Wer seinen Rat befolgte, wurde manchmal mit Gold und Edelsteinen beschenkt. Wer aber den Hals nicht voll genug bekam, erhielt seine gerechte Strafe.

Die Sagengestalt erscheint als Bergmännlein, als geheimnisvoller Wanderer oder Mönch und kann sich in ein Tier oder einen Riesen verwandeln. Rübezahl treibt gern Schabernack mit den Bergwanderern. Wer ihn aber verspottet, wird mit plötzlichem Unwetter bestraft oder stürzt gar in einen Abgrund.

Vielleicht ist Rübezahl das Kind wallonischer Schatzsucher. Sie schürften im Mittelalter nach seltenen Erzen und kannten die Fundstellen von Silber, Gold und Edelsteinen. Damals konnte man mit Berichten von einem fürchterlichen Berggeist durchaus unliebsame Konkurrenz abschrecken. Auch Kräutersammler haben sicher manche Geschichte ausgeschmückt und etwas hinzugedichtet, da sie bestrebt waren, »ihre« Kräutergärten geheim zu halten. Die Mehrheit der Riesengebirgler war sehr ängstlich und abergläubisch. Lange Zeit wagten sie es nicht, Rübezahl laut beim Namen zu nennen, höflich sprachen sie von Herrn Johannes oder Herrn Hans. Die Sage erklärt, wie Rübezahl zu seinem Namen kam: Einst war der Berggeist bis über beide Ohren in die Prinzessin Emma verliebt. Um das Fräulein für sich zu gewinnen, verschleppte er sie in sein Reich. Der bärtige Alte hatte die Fähigkeit, Rüben in jede beliebige Gestalt zu verwandeln. Eines Tages griff Emma zur List. Sie forderte den Berggeist auf, die Rüben auf dem Acker exakt zu zählen, und nutzte die Unaufmerksamkeit zur Flucht. Fortan war der Spottname geboren: Rübenzähler, kurz Rübezahl.

1618 erwähnte der Prager Priester Želanský erstmals einen »Rubical«, und 1662 veröffentlichte Magister Johann Prätorius die ersten Sagen in deutschen Landen. Seine Schrift »Daemonologia Rubinzalii Silesii« sowie später die »Legenden von Rübezahl« aus der Feder von Karl August Musäus waren für viele Literaten und Künstler Anlass, sich ebenfalls mit dem kauzigen Alten zu beschäftigen. »Das Geheimnis um Rübezahl ist alt wie die moosigen grünspiegelnden Felsen, die in feuchten Gebirgsschluchten hängen. Oder so alt wie die weißen Schaumwasser, die in der Zackelklamm jeden Tag jung und neu über Schroffen und Steine zu Tale springen. Nämlich Rübezahl ist selber alt wie die Steine. Vermutlich so alt wie die Riesenwoge aus Granit, die schon in Urzeiten zwischen Böhmen und Schlesien ausrollte und zum Riesengebirge erstarrte«, erzählte der schlesische Schriftsteller Carl Hauptmann, der Bruder Gerhart Hauptmanns. Sind Kinder mit auf Wandertour, dann müssen mitunter bärtige Herren als Rübezahl herhalten. Oder die Kleinen meinen: »Dann war es doch der Rübezahl!« – »Und man weiß ja, dass Kinder bisweilen die Gabe haben, Bescheid zu wissen, wo großen Leuten der Umstand im Wege steht, dass sie große Leute sind«, gesteht Otfried Preußler in seinem Band »Mein Rübezahlbuch«.

Die Tschechen nennen den Berggeist Krakonoš, in Polen heißt er Karkonosz. Überall im Riesengebirge künden geografische Namen von seiner Anwesenheit: Rübezahls Gärtchen, Rübezahls Frühstückshalle, Rübezahls Weinkeller, Rübezahls Kegelbahn, Rübezahlkanzel. Und wenn Nebelfetzen ziehen, dann ist Rübezahl auch heute noch allgegenwärtig. Hinter jeder Latschenkiefer, hinter jedem Fels, hinter jeder Schneewehe könnte man den Alten vermuten.

Als steinernes Abbild erscheint Rübezahl im Kurpark von Johannisbad (Janské Lázně), auf dem Marktbrunnen in Trautenau (Trutnov) und im Park von Horschitz (Hořice). Für hiesige Holzschnitzer ist der Berggeist immer wieder ein beliebtes Thema. Der Reisende kann Rübezahl in allen Größen erwerben und als Andenken mit nach Hause nehmen. Im 20. Jh. haben auch Einheimische endgültig den Respekt verloren und Rübezahl dem Kommerz geopfert: Seitdem muss sein Name für Bier und Käse, Druckerzeugnisse, Herbergen, Vereine und Trachtengruppen herhalten...

Gläserne Kunst

Das Glas gehört ins Riesengebirge wie die Kuckucksuhr in den Schwarzwald. Es ist schon lange ein beliebtes Urlaubsmitbringsel aus Rübezahls Reich. Nachdem der Dreißigjährige Krieg dem Bergbau den Todesstoß versetzt hatte, erlebten die Glashütten eine ungeahnte Blüte; Grundstoffe und Holz waren ausreichend vorhanden. Bereits seit dem 14. Jh. gab es in der Region Glasschmelzen: In den 1990er Jahren fanden Archäologen in der Gemeinde Glasersdorf (Sklenařice) bei Hochstadt an der Iser (Vysoké nad Jizerou) die Reste des ältesten Glasofens in Böhmen. Ein Schriftstück aus dem Jahre 1378 belegte seine Existenz.

Im feudalen Europa war die Glaserzeugung wie auch das Berg- und Hüttenwesen nicht an Zunftvorschriften gebunden; die Eigentümer der Manufakturen besaßen besondere Rechte und Freiheiten. An Ort und Stelle entstand oft auch eine neue Siedlung. Die Glashütten prägten das Landschaftsbild stärker als der Bergbau, vor allem wegen des immensen Holzbedarfs. Für ein Kilogramm Glas mussten gut tausend Kilogramm Holz eingeschlagen werden! Neu gegründete Glashütten erhielten etwa 100 Hektar Wald; war der Bestand verfeuert, wurde die Hütte abgerissen und an anderer Stelle wieder aufgebaut. Bereits im Jahre 1569 wollten besorgte Hüttenbesitzer wissen, wie lange die Holzvorräte im Gebirge noch reichen würden. Fachleute versicherten, es sei genügend Holz für etwa 80 Jahre vorhanden. Tatsächlich aber war schon nach 40 Jahren der ursprüngliche Buchen-, Tannen- und Fichtenmischwald im Riesengebirge bis auf wenige Reste vernichtet. Das Holz wurde mit riesigen Rutschen die Berghänge hinunterbefördert, die längste war 2,7 km lang. An der Kapelle im Riesengrund (Obří důl) blieb ein Staudamm bis heute erhalten: Mit einem Wasserschwall wurden die Baumstämme ins Tal geschwemmt. Flößer transportierten das Holz bis zu den Silbererzgruben in Kuttenberg (Kutná Hora). Mit einem Erlass zur Wiederaufforstung legte Kaiserin Maria Theresia den Grundstein für die Bewirtschaftung der Wälder des Riesengebirges.

Bis in die Mitte des 17. Jh. konnte Glas aus Böhmen und Schlesien nicht mit dem venezianischen Glas konkurrieren. Dann aber gelang hiesigen Fachleuten die Produktion eines neuartigen, sehr reinen Kalkkaliglases: Damit begann der Siegeszug des glänzenden Riesengebirgs-Kristallglases. Es war auch die Basis für eine neue Glasschnitttechnik, die künstlerisch wertvolle Hochreliefs ermöglichte. Besonders schöne Arbeiten kamen aus den Glashütten in Warmbrunn (Cieplice) und Hermsdorf (Sobieszów).

Im 18. Jh. war auch Glas mit Email- und Schwarzlotdekor sehr begehrt, im 19. Jh. kam farbiges Glas, vor allem in Gelb und Grün, in Mode. Das schönste Farbglas produzierte die böhmische Riedelhütte in Polaun (Polubný) im benachbarten Isergebirge: Das opalisierende Annagrün und Annagelb erhielt seinen Namen nach der Gattin des Glasbarons Riedel.

Zwei berühmte Produktionsstätten sind noch immer in Betrieb. In Böhmen ist es die Harrachsche Glashütte in Neuwelt, heute Harrachov, Ortsteil Nový Svět. Erstmalig 1712 erwähnt, ist die Firma heute im Besitz der Herren Novosad & Sohn. Nach wie vor gefragt sind Dekorativglas, luxuriöse Trinkgläser sowie funkelnde Glaslüster. Letztere erhalten ihren Glanz in der benachbarten Schleiferei. Mit über 100 Jahren und fast ursprünglicher Ausstattung ist sie einmalig in Europa.

Bereits 1366 ist auf schlesischer Seite bei Schreiberhau (Szklarska Poręba) ein Glasofen dokumentiert. 1842 ließ die Familie Schaffgotsch oberhalb von Schreiberhau am Ufer des Zacken die Josephinenhütte errichten, benannt nach der Frau des Besitzers. Unter der Regie des Glasmachers Franz Pohl entwickelte sich der Betrieb zur bedeutendsten Glashütte Schlesiens. Goldrubinglas und insbesondere das herrliche Kristallglas schmückte die Tafeln der Höfe in Berlin, London und St. Petersburg. Es wurde in die ganze Welt geliefert und erhielt auf Ausstellungen viele Diplome und Medaillen. Dutzende Schleifereien in Schreiberhau veredelten die Rohware aus der Josephinenhütte und aus Harrachschen Glasöfen.

In mehreren Museen können sich Besucher die Glasgeschichte des Riesengebirges vor Augen führen. Die Glassammlung des Bezirksmuseums in Hirschberg (Jelenia Góra) ist nicht nur die bedeutendste Polens, sondern auch weltweit eine der größten. Ähnlich reichhaltig ist das Glasmuseum im Herrenhaus von Harrachsdorf (Harrachov). In der benachbarten Glashütte Novosad & Sohn besteht zudem die Möglichkeit, sich einen Einblick in die Produktion zu verschaffen. Der Rundgang zeigt die schwere Arbeit der Glasbläser. an der sich seit Jahrhunderten kaum etwas geändert hat. Neben dem Herrenhaus steht die St.-Elisabeth-Kapelle mit einer seltenen Turmglocke aus Harrachsdorfer Glas. Kleinere Glasausstellungen sind im Museum in Szklarska Poręba und im Infozentrum des Nationalparks am Markt in Hohenelbe (Vrchlabí) zu finden.

Bauden

Auf den Hängen und Kämmen des Riesengebirges stehen viele Bergbauden verstreut. Die Besiedlung der Gegend verlief nicht nach Plan, und Kolonisten kamen aus Ostfranken, Kärnten, der Steiermark und Tirol. Die Konkurrenz aus dem Ausland geriet allerdings in eine raue Gegend – 1537 erfuhr der Chronist Hüttel am Totenbett des Riesengebirglers Fabian Aust: »Ich habe 19 Menschen umgebracht und es tut mir Leid, dass ich die Anzahl der ermordeten Eindringlinge nicht auf zwanzig aufrunden konnte.«

Alle bauten, wie es ihnen gefiel. Es waren anfangs sehr primitive Holzbauwerke, Im dreigeteilten Haus gab es nur eine Stube, Diele, Kammer oder einen Stall. Die Häuser hatten Dachtüren, durch die das Heu direkt auf den Dachboden geschafft werden konnte. Mit der Zeit entwickelten die Gebirgler einen ausgeklügelten und charakteristischen Baustil, der nicht nur den Unbilden der Natur trotzte, sondern sich auch harmonisch in die Umgebung einfügte.

Der Holzeinschlag für Bergwerke und Glashütten hinterließ im Gebirge weite baumlose Flächen. Hier wuchsen Ende des 16. Jh. die ersten Streusiedlungen: Krausebauden (Krausovy boudy), St. Peter (Svatý Petr), Groß- und Klein-Aupa (Velká Úpa, Malá Úpa) sowie die Grenzbauden (Pomezní boudy). Viele Bauern und Holzfäller zogen aus den Waldhufendörfern am Fuße der Berge zu immer höher gelegenen Lichtungen, Wiesen und Wäldern. Unter sie mischten sich im Dreißigjährigen Krieg auch Glaubens- und Kriegsflüchtlinge.

Die Gebirgler verdienten ihren kargen Lebensunterhalt vor allem mit Viehzucht und Landwirtschaft. Kühe und Ziegen verdrängten den Wald weiter, aber die Wiesenmahd begünstigte die Ausbreitung vieler Blumen und Kräuter. Die Kunst, mit der die Riesengebirgler das Gras mähten, war bewundernswert. Der Friseur rasierte nicht einmal den Bart mit so einer Sorgfalt, mit der hier das Gras hingelegt wurde. Über den Sommer hüteten die Gebirgler gegen Entgelt auch das Vieh aus Bauernhöfen im Vorland.

Die Baudenwirtschaft war für die herrschaftlichen Grundbesitzer eine lukrative Einnahmequelle: Sie setzten eigene Verwalter ein oder beauftragten Gebirgler mit der Arbeit. Ende des 18. Jh. bis Mitte des 19. Jh. erlebte die Baudenwirtschaft mit der Butter-, Milch- und Käseerzeugung ihre höchste Blüte. Eine begehrte Spezialität war der Kräuterkäse, für den jede Baude ihr Geheimrezept besaß. Zu jener Zeit gab es im Gebirge etwa 2500 Bauden. Man unterschied die sogenannten Sommerbauden, die nur saisonmäßig bewirtschaftet wurden, von den ganzjährig bewohnten Winterbauden.

2000 Kühe, Ochsen und Kälber sowie bis zu 10000 Ziegen waren jedoch auch für Waldschäden und Erosion verantwortlich. Die Grundbesitzer erkannten die Gefahren und beschränktendie Baudenwirtschaft in der Folgezeit.

Ende des 19. Jh. begann eine neue Geldquelle zu sprudeln: Kurgäste und Touristen strömten in die Berge und verlangten nach Fremdenzimmern. Die Baudeninhaber sattelten schnell um: Ställe und Vorratskammern verwandelten sich in rustikale Herbergen. Das unterscheidet die Bauden im Riesengebirge von anderen Touristenunterkünften, beispielsweise in den Alpen, wo Hütten von Beginn an für Bergwanderer gebaut wurden.

Die Namen der Riesengebirgsbauden sind eng mit Land und Leuten verbunden. Oft tragen die Bauden den Ruf- oder Familiennamen ihrer Erbauer oder Besitzer: Davids- oder Martinsbaude, Hofer-, Krause- und Richterbaude. Häufig stand der Ort Pate: Elbfall-, Reifträger-, Schneegruben-, Wiesen- oder Zackelfallbaude. Manchmal wurde auch auf den Beruf angespielt: Schüsselbauden – hier lebten im 17. Jh. Schüsselmacher – oder Spaltebauden – hier gingen Holzspalter ihrer Arbeit nach. In den Leierbauden wohnte ein Drehorgelspieler.

Die Vertreibung der deutschen Riesengebirgler nach dem Zweiten Weltkrieg bedeutete nicht nur eine menschliche Tragödie, sondern war auch für das empfindliche Gebirgsökosystem eine Katastrophe. Der Erfahrungsschatz zum pfleglichen Umgang mit der Natur, von Generation zu Generation vererbt, war verloren gegangen. Erst mit dem Nationalparkstatus (1959 in Polen, 1963 in der damaligen Tschechoslowakei) wurde das Bewahren der Natur zum Staatsziel erklärt.

Bauden bieten heute sehr unterschiedlichen Komfort, vom Jugendherbergsniveau bis zum Mittelklassehotel. Baude heißt in Böhmen *bouda*, in Schlesien *schronisko*. In fast allen Häusern hat sich der Standard in den letzten Jahren verbessert. Das Wandern von Baude zu Baude ist eine Besonderheit im Riesengebirge. Oft stehen sie ziemlich nahe beieinander: Rucksackverpflegung ist nicht nötig, bei Wetterumschwung ist ein schützendes Dach meist schnell erreicht.

Tour 1

Durch die Kesselgruben

Von Harrachsdorf zu den Oberen Schüsselbauden

Die Wanderung führt erst durch Fichtenwald und später an blumenreichen Wiesen entlang. Beeindruckend sind die Kesselgruben, zwei Gletscherkare mit reichen Vorkommen geschützter Bergflora und Insektenfauna.

DIE WANDERUNG IN KÜRZE

\+ Anspruch

3.15 Std. Gehzeit

13 km Länge

Charakter: Leichte Streckenwanderung, meist bequeme Wege auf Asphalt, manchmal auf Sand, steiniger Pfad an den Kesselgruben

Markierung: Vom Teufelsberg bis zur Wegespinne Ručičky blauer Querbalken, dann bis zum Ziel grüner Querbalken

Wanderkarte: Riesengebirge-West, VKÚ Harmanec, 1 : 25 000

Einkehrmöglichkeiten: Hofbaude und Restaurants in Horní Mísečky

Anfahrt: Bahn: Regionalbahn aus Liberec über Tanvald nach Harrachov-Mýtiny (in der Saison Bus vom Bahnhof ins Zentrum von Harrachov, sonst Fußweg ca. 2 km). **Bus:** Fernbus aus Prag, Regionalbusse aus Jablonec n. N., Tanvald, Špindlerův Mlýn über Jilemnice (Haltestelle Harrachov: Busbahnhof am südöstlichen Ortsrand). Internationale Buslinie von Jelenia Góra/Polen über Szklarska Poręba und Harrachov nach Jablonec n. N. (nur Mittwoch, Freitag, Samstag). **PKW-**Anfahrt über die E 65 aus Böhmen oder Schlesien (Parkplatz am südöstlichen Ortsrand).

Rückfahrt: Linienbus von Horní Mísečky nach Jilemnice (nur werktags, Fahrzeit: 50 Min.), dort nach Harrachov umsteigen (Fahrzeit: je nach Route 35 Min. bis 1 Std.). Oder Bus von Horní Mísečky bis Jilemnice-Hrabačov, weiter mit Zug nach Jablonec n. J., von dort per Bus nach Harrachov (Fahrplan: www.vlak-bus.cz).

Hinweise: Sessellift Harrachov–Čertova hora: 8–18 Uhr. Die Kesselgruben sind stark lawinengefährdet, bei Schneedecke meist gesperrt.

Von Harrachsdorf (Harrachov) schweben wir mit dem Sessellift auf den Teufelsberg/**Čertova hora.** Die Fahrt dauert knapp 15 Min. und bietet einen herrlichen Ausblick auf die verstreuten Häuser, Pensionen und

Gaststube in der Hofbaude

Hotels im Tal. Beim Wegweiser gegenüber der Bergstation schlagen wir den blau markierten Weg Richtung Hofbauden (Dvoračky) ein.

Schon nach wenigen Minuten ist links auf dem Kamm die Reifträgerbaude (Szrenica) in Polen zu erkennen, weiter rechts der Kahle Berg (Lysá hora). Nach 15 Min. haben wir den Abzweig zum Johannesfelsen (U Janovy skály) erreicht. Der kurze Abstecher (100 m) lohnt an klaren Tagen: Vom Aussichtsplateau genießt man einen schönen Blick zum böhmisch-schlesischen Hauptkamm. Wir folgen weiter der blauen Markierung und erreichen bald die Wegespinne am ehemaligen Gasthaus Kaltenberg (Chata Studenov), wo wir uns geradeaus halten. Nachdem die Stromleitung unterquert ist, stehen wir kurz darauf an der Kreuzung Studenov U Obrázku und folgen weiter geradeaus der asphaltierten Forststraße auf dem Teufelskamm (Čertova pláň). Der Fichtenwald lichtet sich, und vor uns erhebt sich der Kahle Berg. Vor der **Wegespinne Ručičky** (1 Std.) kann man an schönen Tagen eine erste Verschnaufpause einlegen: Dann öffnet das Buffet mit Holzbänken davor. Bei schlechtem Wetter kann man in der kleinen Schutzhütte direkt an der Wegespinne rasten. Davor informieren drei Tafeln auch in deutscher Sprache über die niederländische Stiftung Face (s. Tour 8, S. 50). Wir gehen den nun grün markierten Rübezahlweg (Krakonošova cesta) geradeaus bergan. Rechts vor uns erhebt sich der bewaldete Wolfskamm (Vlčí hřeben). Weiter oberhalb verwehrt eine Sperre Motorfahrzeugen die Weiterfahrt. Kurz hinter dem Wegweiser Pod Lysou horu plätschert der Schwarze Bach (Černý potok). Rechts bietet sich immer wieder der Blick ins Tal nach Rokytnice nad Jizerou (Rochlitz an der Iser). Nach 1.30 Std. ist die Hofbaude/**Dvoračky** erreicht (s. Tour 6, S. 41).

Vom Wegweiser an der Hofbaude folgen wir weiter der grünen Markierung (U kotelných jám). Nur 5 Min. später ist die Gabelung Nad Dvoračkamí erreicht, wo wir die Tour geradeaus auf einem schmaleren

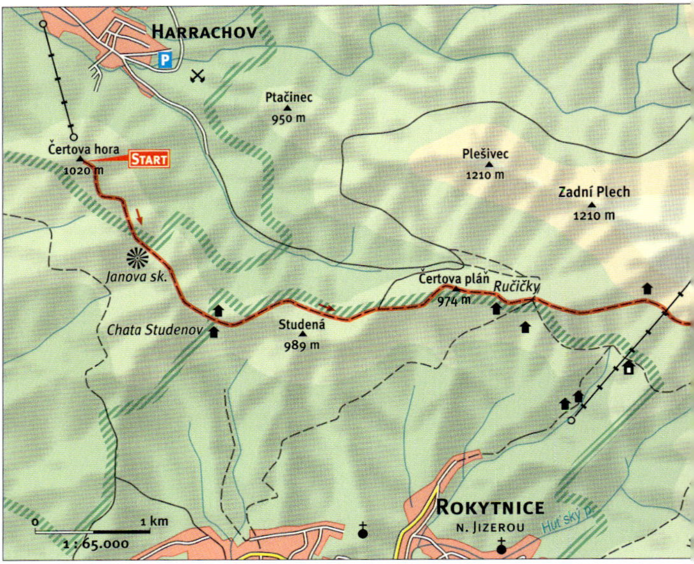

Pfad fortsetzen. Zu beiden Seiten lassen sich im Sommer Orchideen, Germer, gelb blühendes Habichtskraut oder Schwalbenwurz-Enzian bewundern. Der Pfad führt immer leicht bergauf entlang der Flanke des Vogelberges (Čihadlo), und wir erreichen die zweite Zone des Riesengebirgsnationalparks. Das Verlassen des Wegs ist hier untersagt. Dass keine der vielen seltenen Blumen gepflückt werden, versteht sich von selbst. Links zeigen sich Schneekoppe (Sněžka) und Hochwiesenberg (Luční hora). Vor dem Abstieg in die Kesselgruben/**Kotelní jámy** sind rechts die Oberen Schüsselbauden (Horní Mísečky), unser Tagesziel, zu sehen.

Der Pfad führt geradeaus in die Kleine Kesselgrube (Malá Kotelní jáma) hinein und schlängelt sich dann abwärts, zur Großen Kesselgrube (Velká Kotelní jáma). Die Kleine Kesselgrube besteht aus Glimmerschiefer, die Große aus Granit. Beide sind durch das felsige Fuchskämmlein (Liščí hřebínek) voneinander getrennt. Die Kare entstanden durch Gletschererosion und Frostverwitterung. Schon seit Jahrtausenden wehen die Winde hier immer in dersel-

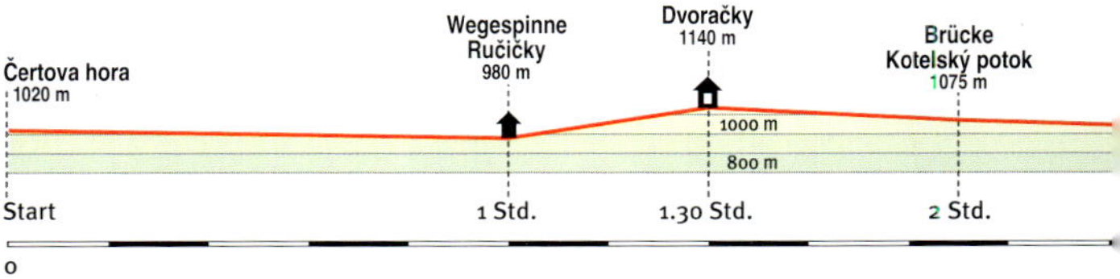

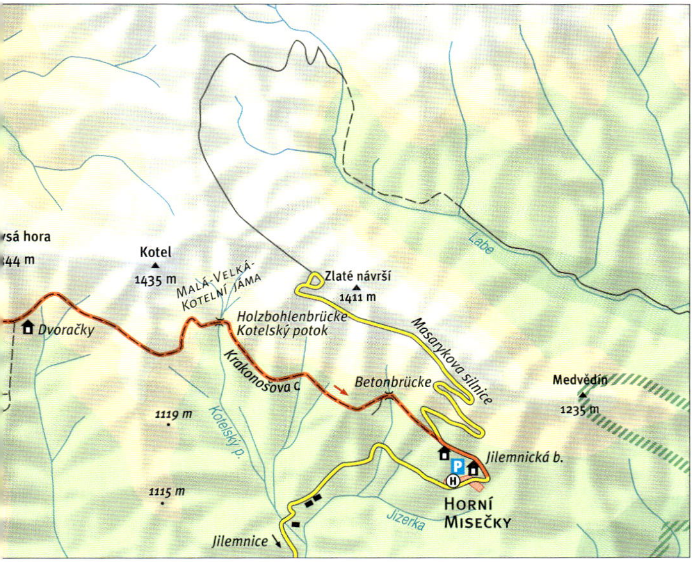

ben Richtung, wobei es zu starken Turbulenzen kommt. Dadurch werden die Niederschlagsverhältnisse und damit die Lawinenbildung beeinflusst, was wiederum einen besonderen Florareichtum zur Folge hat, denn herbeigewehte Samen, finden hier günstige klimatische Verhältnisse.

Knorrige alte Riesengebirgsfichten machen auf sich aufmerksam; der grüne Zipfel zwischen den Gruben ist die einzige Stelle im Gebirge, wo auch Buchen die obere Waldgrenze bilden. In der Talsohle der Großen Grube stehen zwei Bänke zum Rasten. Auf einer **Holzbohlenbrücke** (2.15 Std.) überqueren wir den Kesselbach (Kotelský potok).

An der Gabelung U Kotelnych jám nehmen wir den linken Weg bergauf nach Horní Mísečky. Der Waldweg mündet schließlich in einen Asphaltweg, der hinunter zur Pension U Kotlé führt. Doch wir folgen weiterhin der grünen Markierung und erreichen kurze Zeit später eine Betonbrücke über einen Zufluss zur Kleinen Iser (Jizerka). An dieser Stelle kam 1996 der achtjährige Tomáš Dvořák ums Leben, das Kreuz an der dicken Fichte erinnert daran. Kurz vor Horní Mísečky mündet der Rübezahlweg in die Masarykstraße (Masarykova silnice), die hinauf zur Goldhöhe (Zlaté návrší) führt. Wir steigen jedoch ab zur **Jilemnícka bouda,** wo die Tour endet (3.15 Std.). Vom Busplatz bietet sich noch einmal der Blick zur Kesselkoppe (Kotel), bevor uns der Bus ins Tal bringt.

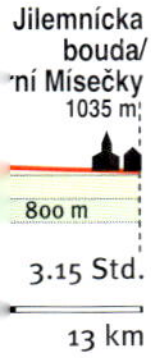

Tour 2

Wo die Elbe geboren wird

Von Harrachsdorf zur Elbquelle und zurück über die Hofbaude

Die schönste Rundwanderung im westlichen Riesengebirge führt durch das Mummeltal hinauf zur Elbquelle. Die Elbwiesen erinnern an skandinavische Landschaften. Hier treffen sich Bergwanderer aus allen Himmelsrichtungen, hier löscht die Elbe sogar den Durst.

DIE WANDERUNG IN KÜRZE

++ Anspruch

6 Std. Gehzeit

23 km Länge

Charakter: Mittelschwere Rundtour, längere Etappen auf Asphalt, lange An- und Abstiege

Ausrüstung: Teleskopstöcke

Wanderkarten: Riesengebirge-West, VKÚ Harmanec, 1 : 25 000

Einkehrmöglichkeiten: Mummelfallbaude, Wossekerbaude (tägl. 10–17 Uhr), Hofbaude (tägl. 9–23 Uhr), Restaurants in Harrachsdorf

Anfahrt: Bahn: Regionalbahn aus Liberec über Tanvald nach Harrachov-Mýtiny (in der Saison Bus vom Bahnhof ins Zentrum von Harrachov, sonst Fußweg ca. 2 km). **Bus:** Fernbus aus Prag, Regionalbusse aus Jablonec n. N., Tanvald, Špindlerův Mlýn über Jilemnice (Haltestelle Harrachov: Busbahnhof am südöstlichen Ortsrand). Internationale Buslinie von Jelenia Góra/Polen über Szklarska Poręba und Harrachov nach Jablonec n. N. (nur Mittwoch, Freitag, Samstag). **PKW-**Anfahrt über die E 65 aus Böhmen oder Schlesien (Parkplatz am südöstlichen Ortsrand).

Die Tour beginnt an der Nationalparkinformation in Harrachsdorf/**Harrachov.** Hier liegt der Torso der einst mächtigsten Ulme des Riesengebirges. Der Stammumfang beträgt über 4 m, der Baum wurde 180 Jahre alt und fiel dem europaweiten Ulmensterben in den 1980er Jahren

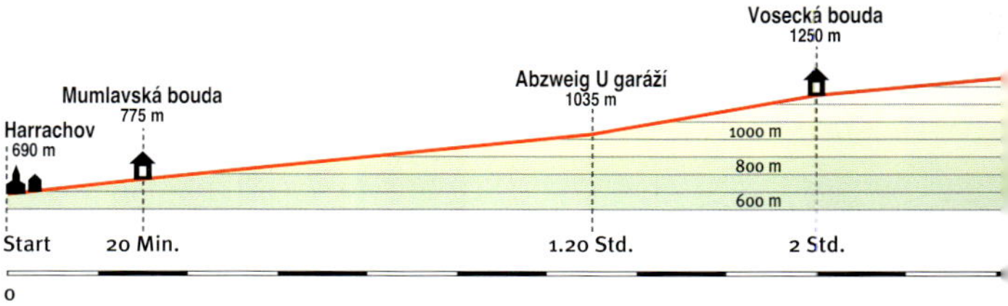

zum Opfer. Wir folgen der blauen Markierung vorbei am Busbahnhof, gehen links die schmale Straße bergauf, vorbei am Hotel Liebliche Mummel (Lovecká Mumlava). Auf einer Brücke überqueren wir die Umgehungsstraße, kurz danach mündet auf der rechten Seite ein Waldlehrpfad in unseren Weg. Es geht weiter geradeaus, auf der linken Seite sind bereits Spielplatz und Wasserwerk zu sehen. Rechts unter uns im Tal rauscht die Mummel. Auf der linken Seite steht ein Imbiss im Blockhausstil, 100 m weiter rechts die historische Mummelfallbaude/**Mumlavská bouda** (20 Min.). Näher an den Mummelfall/**Mumlavský vodopád** heran führen der gelb markierte Weg und die Treppen rechts hinter der Baude. Von der Brücke genießt man eine schöne Ansicht auf den wasserreichsten Fall auf der böhmischen Gebirgsseite. Gletscher haben den Granit glatt geschliffen. Als Zeugnisse der Eiszeiten blieben die großen ausgespülten Strudellöcher im felsigen Bachbett erhalten. In der Fachwelt als Gletschermühlen bekannt, werden sie von den Einheimischen als Teufelsaugen bezeichnet; zahlreiche Legenden ranken sich um sie.

Die Mummel begleitet uns nun auf den nächsten fünf Kilometern. Wir folgen der Forststraße (rote Markierung), die sanft, aber stetig bergauf führt, zumeist durch schattigen Fichtenwald. Wir überqueren das Lubochfließ (Lubošská Bystřica), links des Weges findet sich ein schattiger Rastplatz. 300 m nach der Brücke über den Kranichbach (Vosecká strouha) kommen wir zum **Abzweig U garáží** (1.20 Std.; Rastplatz). Wir biegen nach links auf einen steilen Sandweg ab, der nach 200 m an der Kreuzung Nad Krakonošovou snídaně auf Asphalt mündet. Hier halten wir uns wieder links. Nach hinten bietet sich jetzt ein herrlicher Ausblick hinüber zum Teufelsberg mit Skiflugschanze, am Horizont erhebt sich der Jeschken. Die verschiedenen Stufen der Waldregeneration sind von unserem Standort sehr gut zu erkennen. Noch vor 20 Jahren war hier toter Wald, inzwischen haben sich neue Bestände entwickelt. Eine Infotafel verrät, dass pro Jahr 100 Mio. Kronen (ca. 3 Mio. Euro) für die Neuanpflanzung von Mischwäldern aufgewendet werden.

Eine Mountainbike-Trasse biegt links ab, wir aber gehen auf dem Sandweg weiter geradeaus bergan und haben bald die Wossekerbaude/**Vosecka bouda** (2 Std.) erreicht. An dieser Stelle wurde 1743 erstmals eine Unterkunft für Waldarbeiter erwähnt. Seit 1896 dient die Baude dem Wohl der Touristen.

Ab der Wossekerbaude folgen wir der grünen Markierung entlang eines sanft ansteigenden, teilweise

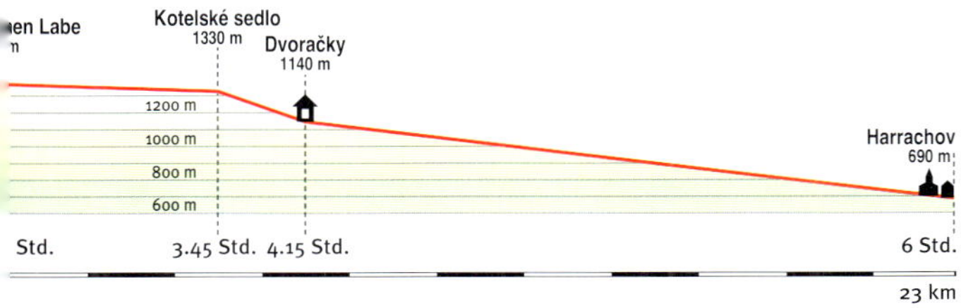

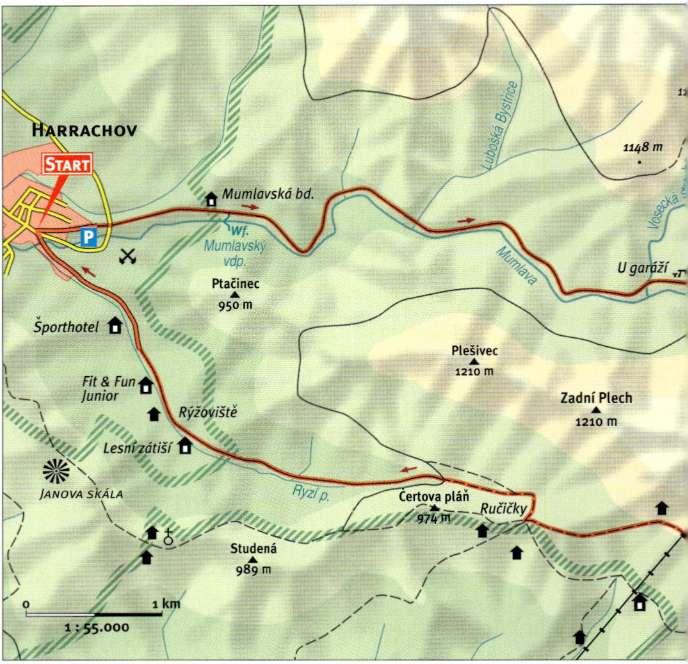

steinigen Pfades. Rechts bieten sich immer wieder schöne Blicke auf Harrachsdorf und zum Isergebirge. Zwischen den Latschenkiefern leuchten weiße Wollgrasblüten, oft bilden sie ganze Teppiche. Auf dem Hochplateau erreichen wir die subalpine Stufe, das Reich der Latschenkiefern und Zwergsträucher. Am Horizont tauchen vor uns von links nach rechts Schneekoppe (Sněžka), Hochwiesenberg (Luční hora), Ziegenrücken (Kozí hřbety), dahinter der Schwarze Berg (Černá hora) mit Fernsehturm, etwas näher Korkonosch (Krkonoš) und Kesselkoppe (Kotel) auf. Bald sehen wir auf der linken Seite am Hauptkamm die schlesische Schneegrubenbaude (Wawel) mit rotem Dach, links davon die markante Veilchenspitze (Violík).

Am Wege-T Labská louka biegen wir links ab, und nach 500 m haben wir die Elbquelle/**pramen Labe** (2.45 Std.) erreicht.

Von der Elbquelle gehen wir zurück bis zum Wege-T Labská louka, weiter geradeaus folgen wir nun bis zur Verzweigung Pantschewiesen (Pančavská louka) der gelben Markierung. Die Landschaft der Pantschewiesen (Pančavská louka) und Elbwiesen (Labská louka) wird von Grastundra und Torfmooren geprägt, in denen viele nordische Pflanzen vorkommen. Mehrere Habichtskrautarten und die Böhmische Glockenblume sind endemisch, Glazialrelikte wie Lindberg-Torfmoos, Sudetisches Läusekraut, Frauenmantel, Moosglöckchen und Moltebeere gedeihen ebenfalls. Letztere

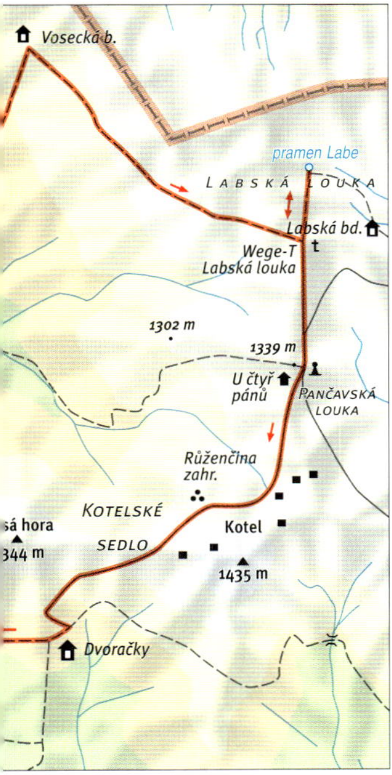

hat im Riesengebirge ihr weltweit südlichstes Refugium gefunden. Eine Infotafel nennt die Namen von Gipfeln und Lokalitäten. Gegenüber steht die Schutzhütte »Bei den vier Herren« (U čtyř pánů). Der Name erinnert an Grenzstreitigkeiten zwischen böhmischen und schlesischen Adligen im 16. und 17. Jh.

Hier halten wir uns halb rechts und kommen auf einen Sand-Schotterweg (grüne Markierung). Weiter leicht bergan, nähern wir uns der Nordflanke der Kesselkoppe (Kotel). Hier sind auf engstem Raum besonders viele Bunker zu sehen. Sie gehören zum tschechoslowakischen Grenzverteidigungssystem, das ab 1935 gegen die drohende deutsche Invasion erbaut wurde. Durch das Münchener Abkommen wurde das Sudetenland 1938 jedoch kampflos an Deutschland übergeben.

An der Gabelung U Růženčiny zahradky biegen wir nach rechts auf den rot markierten Pfad ab. 200 m weiter auf der linken Seite liegt Rübezahls Rosengarten (Růženčina zahradka), ein Steinkreis von mehr als 30 m Umfang. Seine Bedeutung ist ungeklärt. War dies ein rituelles Urnenfeld? Die Archäologen stehen bis heute vor einem Rätsel. Der Steinkreis ist für seinen Blumenreichtum bekannt: Narzissenwindröschen, Zweiblütiges Veilchen, Türkenbundlilie und Blauer Eisenhut sind im Sommer zu bestaunen. Nur Rosen findet man hier nicht: Der Name erinnert vielmehr an den Besuch der Gräfin Rosa Harrach im Jahre 1743.

Vom Sattel **Kotelské sedlo** (3.45 Std.) zwischen Kahlem Berg (Lysá hora) und Kesselkoppe (Kotel) bietet sich eine umfassende Sicht auf westliches Riesen- und Isergebirge. An den Hängen rechts sammeln sich die Wasser der Mummel. Nun geht es steil und steinig bergab zur Hofbaude. Links oberhalb des Weges befindet sich ein kleines Blockmeer. Vor uns im Tal liegt Rochlitz (Rokytnice n. J.) eingebettet, die vielen Baumreihen an den Hängen erscheinen geradezu malerisch. An der Gabelung Nad Dvoračkamí halten wir uns rechts und kommen zur Hofbaude/**Dvoračky** (4.15 Std.; s. Tour 6, S. 41). An der ersten Gabelung, etwa 100 m hinter der Baude, biegen wir nach rechts auf einen Sandweg ab (grün). Wir queren mehrere Abfahrtspisten und Skilifttrassen und genießen den weiten Blick ins Rochlitzer Tal. An der Wegespinne Ručičky mit Rastplatz (Schutzhütte, Infotafeln, Imbiss 50 m entfernt) biegen wir rechts Richtung Harrachov ab (weiter grün). Nach 100 m mündet der Weg in eine Forststraße, wir halten uns rechts und folgen ab der Brücke der Straße in einer 180-Grad-Kurve bis nach Harrachsdorf dem Seifenbach (Ryzí potok). Die Forststraße führt sanft bergab, zumeist von Fichtenhochwald beschattet, bis zum ehemaligen Gasthaus Lesní zátiší am Ostrand von Harrachsdorf. Vorbei am Hotel Fit & Fun und am Sporthotel Ryžoviště folgen wir dem Seifenbach immer weiter die Straße hinunter. Kurz vor dem Busplatz mündet er schließlich in die Mummel. An der **Nationalparkinformation** endet unsere Rundtour (6 Std.).

Die Elbquelle

Bei schönem Wetter ist an der Elbquelle fast immer viel los. Die meisten Ausflügler lassen sich von Pendelbussen auf den knapp 3 km entfernten Korkonosch (Krkonoš) fahren und machen dann den kurzen Spaziergang hierher.

Im Oktober 1684 begab sich der Königgrätzer Bischof Johann Freiherr von Thalenberg samt Gefolge auf den Weg zur Elbquelle, um sie zu weihen. Mit von der Partie war auch ein Kamel, das den Altartisch, die feierlichen Gewänder, das Zelt des Bischofs sowie Körbe voller kalter Küche und Wein in die Berge trug. Es stürzte unterwegs und war nicht zum Weitergehen zu bewegen. Die Lasten mussten nun von den Würdenträgern selbst auf eilig angefertigten Tragen zur Quelle geschleppt werden. Mit der Quellweihe war drei Jahre nach der Segnung der Schneekoppenkapelle die Rekatholisierung des Gebirges vollendet. Der kirchliche Akt war auch für die Festlegung endgültiger Grenzen zwischen Böhmen und Schlesien bedeutsam; die Grenze der Diözese entsprach damals der Landesgrenze.

Die in Granitringe gefasste Quelle wurde 1864 ein zweites Mal geweiht. Sie hat aber eher symbolischen Charakter, denn in Wirklichkeit entspringt die Elbe weiter oberhalb zwischen Latschenkiefern. In eine Mauer sind 26 farbige Wappen von Städten eingelassen, die die Elbe auf ihrem 1154 km langen Weg bis zur Nordsee durchfließt. Bei der Auswahl berücksichtigte man etwa zu gleichen Anteilen böhmische und deutsche Städte.

Viele Wanderer werfen Kleingeld in die Quelle: Das soll Glück bringen, und man kommt gewiss eines Tages wieder hierher.

An der Elbquelle

Zum Misthaus

Von Harrachsdorf über Klein-Iser nach Dessendorf
Entlang der Iser geht es zur Streusiedlung Klein-Iser (Jizerka) mit dem berühmten Misthaus. Der Abstieg ist lang und beschwerlich, im unteren Teil führt der Weg durch das romantische Tal der Schwarzen Desse. Zum Schluss gibt's Eisenbahnromantik pur.

DIE WANDERUNG IN KÜRZE

++
Anspruch

4.45 Std.
Gehzeit

22 km
Länge

Charakter: Mittelschwere Streckenwanderung, bequemer Anstieg auf asphaltiertem Forstweg, langer Abstieg auf vernässtem oder steinigem Pfad oberhalb von Jizerka bis zu den Wasserfällen der Schwarzen Desse (Černá Desná)

Ausrüstung: Teleskopstöcke für Bergabstrecke

Wanderkarten: Riesengebirge Krkonoše 1: 50 000 und Jizerské hory a Frýdlantsko 1 : 50 000, VKÚ Harmanec

Einkehrmöglichkeiten: Mehrere Gasthäuser in Jizerka und Desná

Anfahrt: Bahn: Regionalbahn aus Liberec über Tanvald nach Harrachov-Mýtiny. **Bus:** Fernbus aus Prag, Regionalbusse aus Jablonec n. N., Tanvald, Špindlerův Mlýn über Jilemnice (Haltestelle Harrachov: Tankstelle am Ortseingang, 1,5 km zu Fuß bis zum Bahnhof Harrachov-Mýtiny). PKW-Anfahrt über die E 65 aus Böhmen oder Schlesien (Parkmöglichkeit am Bahnhof).

Rückfahrt: Regionalbahn von Tanvald über Desná nach Harrachov-Mýtiny (Fahrzeit: 20 Min., Fahrplan: www.bahn.de)

Am Wegweiser unterhalb vom Bahnhof **Harrachov-Mýtiny** (Strickerhäuser) folgen wir dem rot markierten Hauptwanderweg E 3 in Richtung Jizerka. Die kleine Streusiedlung Strickerhäuser gehörte einst zu Deutschland, nach dem Zweiten Weltkrieg zu Polen. Erst ein Gebietsaustausch im Jahre 1958 ermöglichte es den Tschechen, die Bahnstrecke für die Harrachsdorfer und ihre Gäste zu nutzen. Wir gehen anfangs am Waldrand entlang und biegen wenig später nach rechts in den Fichtenwald ab. Der Abstieg führt steil ins Isertal hinab, vorbei an der Chata Sport Ski bis zur **Iserbrücke** (15 Min.). Im Flussbett der Iser (Jizera) liegen riesige Gesteinsbrocken verstreut. 50 Meter nach der Brücke stehen wir vor einem Wegweiser und biegen nach rechts ab. Durch das Martinstal (Martinské údolí) folgen wir der schmalen Forststraße sanft bergan, neben uns hören wir die Iser rauschen. Nach etwa einer halben

Stunde unterqueren wir eine Eisenbahnbrücke der Strecke Tannwald–Harrachsdorf. Die einst gewagte Konstruktion vom Beginn des 20. Jh. steht als technisches Denkmal unter Schutz. Das rechte Flussufer gehört zum Isergebirge, das gegenüber liegende bereits zum Riesengebirge. Ab hier markiert die Iser auch die Staatsgrenze zwischen Tschechien und Polen. Fast bis an den Fuß des Buchberges (Bukovec) bleibt der Fluss unser ständiger Begleiter durch den Fichtenwald. Nach knapp anderthalb Stunden erreichen wir die Gabelung an der Stelle, wo ein großer Granitstein liegt. Hier biegen wir links ab. Der schmale Pfad führt durch jungen Mischwald steil bergan. Beim Rückblick schaut man über die westlichen Höhen des Riesengebirges, die Landschaft erweckt den Eindruck eines riesigen Waldmeeres. Am Wege-T auf der »Gürtellinie« des Buchberges biegen wir nach links auf den Fahrweg ab. Der Buchberg (Bukovec) ist mit 1005 m der dritthöchste Basaltkegel des Landes und entstand während des Vulkanismus im Tertiär. Dank seiner wertvollen Flora mit alten Buchen, Arnika, Geflecktem Knabenkraut, Seidelbast, Trollblumen und Wildkrokussen wird seine Umgebung auch »Garten des Isergebirges« genannt. Ein Quellrohr am Wegesrand bringt uns eine willkommene Erfrischung. Nach wenigen Schritten weicht der Wald, und der **Parkplatz Jizerka** (1.45 Std.) mit zwei Gasthäusern ist über eine Wiese schnell erreicht. Von hier sieht man im Rückblick über den Baumwipfeln den Riesengebirgshauptkamm mit Reifträger- und ehemaliger Schneegrubenbaude. Am Parkplatz halten wir uns rechts und gehen die Straße nach Jizerka hinunter. Viele alte Bergbauden werden von ihren Besitzern liebevoll gepflegt. Die weite Wiesenhochfläche wird von jungem Fichtenwald mit versteckten Torfmooren gerahmt. Die ausgeprägte Streusiedlung wurde im 15. Jh. von böhmischen Vogelstellern und Köhlern gegründet. Später suchten hier Glücksritter, vor allem aus Italien, Gold und Edelsteine. Sie fanden Goldplättchen, Rubine, blaue Saphire und schwarze Iserine. Danach wurde ein Großteil des Waldes in zwei Glashütten verheizt.

50 Meter vor dem Gasthaus Pyramide (Pyramida) biegen wir nach rechts auf den schmalen unmarkierten Wiesenpfad ab, der zur Pension Stará celnice (Altes Zollhaus) führt. Die Schritte federn angenehm auf dem weichen Gras. Am Alten Zollhaus überqueren wir die Kleine Iser (Jizerka) auf einer Brücke und halten uns rechts. Am Wege-T beim Betonplattenweg biegen wir nach links ab. Hier wachsen zwergwüchsige Karpatenbirken und angepflanzte Latschenkiefern. Dazwischen leuchtet das Wollgras mit seinen weißen Köp-

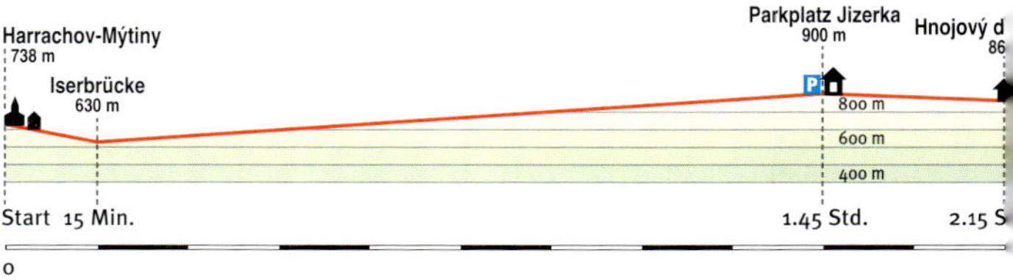

fen. An der Brücke vor dem Misthaus steht ein Wegweiser, der die Entfernung zum legendären Haus mit exakt 109,422 m angibt. Seit den 1960er Jahren wurde Klein-Iser durch das Misthaus/**Hnojový dům** (2.15 Std.) weithin bekannt. Leider ist das berühmte Haus seit 2000 wegen Krankheit des Besitzers Gustav Ginzel geschlossen.

Vom Misthaus gehen wir auf der Straße Richtung Buchberg zurück. Am Gasthaus Glashütte (Sklárna) biegen wir rechts auf den Wiesenweg ab, erst am Waldrand entdecken wir die gelben Markierungsbalken. Weiter oberhalb bietet sich ein Panoramablick zum kegelförmigen Buchberg und auf das Riesengebirge am Horizont. An der **Wegkreuzung U Bunkru** (2.30 Std.) biegen wir nach links ab. Hier wurden auch Schwarzkiefern neu angepflanzt. Nach knapp 3 Std. stehen wir wieder am Parkplatz Jizerka, wo wir nach rechts auf die blaue Markierung abbiegen. Nach 150 m verlassen wir die Straße nach rechts in den Wald und gehen weiter oberhalb an einer **Antennenanlage** (3 Std.) vorbei. Vernässte Flächen, Pfützen und Steine erschweren am Welschen Kamm (Vlašský hřeben) das Gehen für eine reichliche halbe Stunde erheblich. An der Weggabelung zu Beginn des Abstieges halten wir uns links. Erst unterhalb der Wegkreuzung **Sedlo pod Zámky** (3.30 Std.) bessert sich der Untergrund. Durch die Fichtenkronen glitzert die Wasserfläche der Talsperre Darre (Souš), Trinkwasserreservoir für die Städte Desná, Tanvald und Jablonec nad Nisou. An den beiden Gabelungen halten wir uns jeweils rechts, der Weg ist hier nicht mehr markiert. Weiter unterhalb sind zwei große Hausdächer zu sehen; hier und auch an der Stelle, wo wir auf den Schotterweg treffen, biegen wir ebenfalls rechts ab. Wir kommen auf das grün gestrichene Haus mit rotem Dach zu, gleich darauf erreichen wir die Wegkreuzung **Rozcestí U přehradu** (4 Std.). Sie befindet sich an der Straße Dessendorf (Desná)–Haindorf (Hejnice), die wir überqueren, um ab hier der roten Markierung geradeaus zu folgen. An der Berghütte Am Bach (Chata U Potoka) gehen wir rechts vorbei. Beim Absteigen begleitet uns längere Zeit die Schwarze Desse (Černá Desná). Erst durchschreiten wir ein weites Tal mit Jungwald, dann erreichen wir dichten Mischwald. Sitzbänke laden ab und zu zum Verschnaufen ein, so auch an den malerischen Wasserfällen. Tafeln – auch in Deutsch – informieren die Besucher über viele Landschaftsdetails. Wir erreichen den Dessendorfer Ortsteil Sklář und folgen der Straße, vorbei an den Mietshäusern bergab. Der Hauptstraße folgen wir rechts hinunter. Kurz hinter der Bahnbrücke steht die schmucke Riedel-

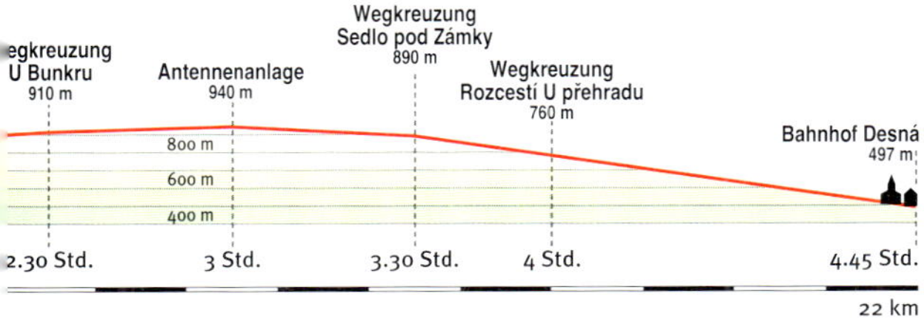

villa, benannt nach einem Glashüttenbesitzer. Riedels Gruft thront an einem Berghang gegenüber. An der Kreuzung hinter dem Supermarkt biegen wir rechts ab, gehen über eine Brücke und biegen hinter der Pension Centrál links ab zum **Bahnhof Desná** (4.45 Std.). Die Bahn durchfährt zurück nach Harrachov-Mýtiny vier längere Tunnel.

Misthaus

Gustav Ginzel, ein Sudetendeutscher, kaufte im Jahre 1964 das Haus Jizerka Nr. 8. Als es in seinen Besitz überging, war es voller Kuhmist, daher der merkwürdige Name. Ginzel wurde in den 1960er und 1970er Jahren durch mehrere spektakuläre Expeditionen international bekannt. Später machte er sich als Weltenbummler, Fotograf und Vortragsreisender einen Namen. Über Jahrzehnte stand sein Haus für Besucher weit offen. Drinnen zeigte Ginzel viele wertvolle Mitbringsel von unzähligen Reisen; Freunde nannten das Haus liebevoll »die schönste Rumpelkammer der Welt«. Im August 1995 brannte das Gebäude bis auf die Grundmauern nieder. Eine internationale Spendenaktion ermöglichte einen detailgetreuen Wiederaufbau. Seit 2000 ist das Misthaus wegen Krankheit geschlossen.

Ginzel
Hnojový dům
Pens. Sklárna
Pyramida
Pens.
Stará celnice
U bunkru
Bukovec
1005 m
Antennenanlage
993 m
Granicznik
870 m
Krogulec
988 m
Jizera
Dział Izerski
804 m
Kozi Grzbiet
937 m
Zámky
1002 m
Na paloučku
888 m
Tkacka Góra
897 m
Eisenbahnbrücke
Dlouá skála
868 m
Martinské údolí
808 m
Iserbrücke
Start
Mýtiny
z. Harrachov
ní hora
m
Krkonošský
Národní
Park
910 m

Zum schönsten Aussichtsturm

Von Tannwald über den Stern nach Hochstadt an der Iser

Der Stephansturm bietet herrliche Aussichten auf Iser- und Riesengebirge. Kruzifixe und Heiligenfiguren säumen den aussichtsreichen Weg entlang der Nationalparkgrenze nach Hochstadt an der Iser.

DIE WANDERUNG IN KÜRZE

+ Anspruch

3.45 Std. Gehzeit

13 km Länge

Charakter: Leichte Streckenwanderung, langer Aufstieg von Tannwald (Tanvald) zum Stern (Hvězda)

Wanderkarten: Jizerské hory a Frýdlantsko 1 : 50 000 und Riesengebirge-West 1 : 25 000, beide VKÚ Harmanec

Einkehrmöglichkeiten: Gasthäuser in Příchovice, unterhalb des Stephansturms, in Sklenařice und Vysoké n. J.

Anfahrt: Bahn/Bus: Regionalbahn und Bus aus Liberec über Jablonec n. N. nach Tanvald, Bus aus Harrachov und Regionalbahn aus Harrachov-Mýtiny sowie Bus aus Jilemnice (Haltestelle: Bahnhof Tanvald). **PKW-**Anfahrt über E 65 oder Hauptstraße Nr. 14 Vrchlabí–Liberec (Parkmöglichkeit am Bahnhof Tanvald).

Rückfahrt: Linienbusse von Vysoké nad Jizerou nach Tanvald (nur werktags), Fahrtdauer je nach Route 40 Min. bis 1.15 Std., Fahrplan: www.vlak-bus.cz

Stephansturm: Mai–Sept. tägl. 9–18 Uhr

Am Wegweiser gegenüber vom **Bahnhof Tanvald** halten wir uns rechts. Bis zur Stephanshöhe (Hvězda) folgen wir der grünen Querbalkenmarkierung. Nach 100 m steigen wir links die ul. Raisova hinauf, vorbei an der Pfarrkirche Peter und Paul. Am Abzweig halten wir uns links, an der darauf folgenden Gabelung rechts. An der Kreuzung geradeaus, noch einmal über die Straße, und weiter geradeaus. Bei

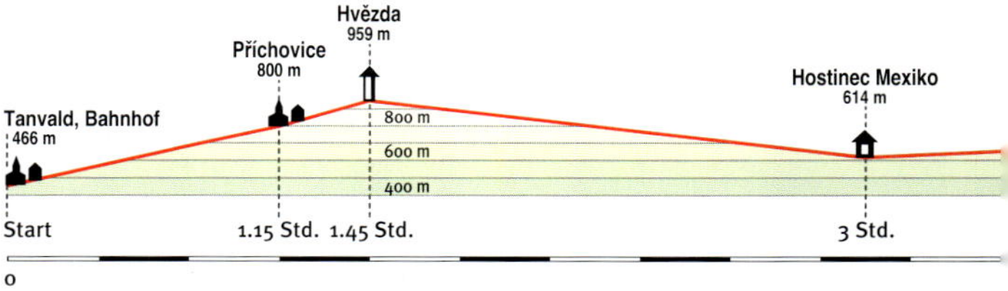

den drei Granitsteinen auf der rechten Seite können wir zum felsigen Gipfel des Muchow (Muchov) und zur Schwarzbrunnwarthe (Černá studnice) mit Turm und zwei Sendeanlagen schauen. Am kleinen Parkplatz an der Berghütte **Horská Chata Monika** gehen wir weiter geradeaus. Hinter dem rot-weiß gestrichenen Blockhaus biegt ein Weg links ab, wir gehen geradeaus auf die Marienstatue unter zwei Linden zu. Bei einer mächtigen alten Eiche (Naturdenkmal) hört die Asphaltstraße auf und wird zum Schotterweg. Wir steigen den von Laubbäumen gesäumten Hang hinauf; hinter dem letzten Haus auf der rechten Seite steht im Laubwald eine Nepomuksäule. Bald sind links die Häuser von Prichowitz (Příchovice) und die Stephanshöhe (Hvězda) zu sehen. Der Alleeweg mündet in eine von links kommende Straße ein, wir gehen geradeaus, vorbei an der Steinfigur einer Maria mit dem Kind (1836) unter einer Linde, und erreichen **Příchovice** (1.15 Std.). Bei der Kirche des hl. Veit können wir hinter uns rechts das Isergebirge, vor uns über dem Feld den Schwarzbrunnkamm (Černostudniční hřbet) und links das böhmische Riesengebirgsvorland sehen.

Gegenüber der Kirche steht ein Kriegerdenkmal (1914–18), auch mit Namen deutscher Gefallener. Daneben lädt das gemütliche Gasthaus Příchovická hospůdka ein. Auf der Wiese neben der Kirche plätschert ein Brunnen, zwischen zwei Ahornbäumen steht eine restaurierte Mondsichelmadonna. Wir folgen weiter den grünen Markierungen, biegen am Restaurant Na Sychrově links und an der Gabelung 100 m weiter rechts ab. Wir queren die Hauptstraße, gehen geradeaus weiter bergan bis zum Restaurant Hvězda. Hier steht ein Wegweiser, die 300 m bis zum Stephansturm (rozhledna Štěpánka) folgen wir den blauen Dreiecken nach links, teils auf losem Schotter. Der neugotische Stephansturm auf dem Stern/ **Hvězda** (1.45 Std.), 24 m hoch und 1892 eröffnet, bietet eine grandiose Rundsicht. Er trägt seinen Namen zu Ehren des Erzherzogs Stephan, des Förderers des Baus der kaiserlichen Straße Reichenberg (Liberec)–Trautenau (Trutnov). Auf der unteren Galeriebrüstung sind alle Aussichtspunkte mit deutschem Namen verzeichnet. Noch weiter reicht der Rundblick aus den Fenstern direkt unter dem Turmdach. Zurück beim Restaurant Hvězda, folgen wir ab dem Wegweiser den gelben Zeichen. An der nahen Gabelung zur Rösslerbaude (Chata Turnovská) halten wir uns geradeaus, weiter den Schotterweg leicht bergab.

Lange Zeit begleiten uns links die Schilder mit dem Symbol des Riesengebirgsnationalparks. Nach etwa 1 km stehen wir vor einer meisterhaften Steinmetzarbeit aus dem Jahre 1834, dem **Hutterskreuz (Hutterův kříž).** An der Kreuzung mit dem Schild »Fahrverbot für Motorfahrzeuge« gehen wir geradeaus und verlassen den Hochwald. In der Rechtskurve des Fahrweges folgen wir geradeaus leicht bergab dem schmalen Wiesenweg, der an einem

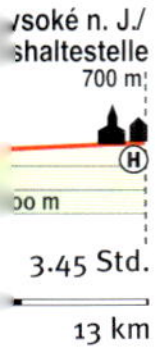

Holzschuppen und einem Wohnhaus auf Asphalt trifft. Am Schuppen steht unter zwei Ahornbäumen eine Nepomuksäule. Wir gehen die Straße links hinunter. Auf der linken Seite öffnet sich nun eine herrliche Aussicht auf das westliche Riesengebirge. Am Abzweig Na Perlíčku bei Makow (Makov) behalten wir die Richtung bei und kommen an der Berghütte **Na Perlíčku** vorüber (nur Sa 14–24 Uhr), weiter unterhalb Schotterweg. Ab hier sollten wir besser den parallel verlaufenden Wiesenweg auf der linken Seite nutzen, nur so können wir die freie Sicht auf das Bergpanorama genießen. Oberhalb der Häuser Čermákovy Róvně vereinigen sich beide Wege. Bald mündet der Weg in die Straße Prichowitz (Příchovice)–Hochstadt an der Iser (Vysoké nad Jizerou). Wir folgen ihr bis vor die Rechtskurve, wo wir sie verlassen und geradeaus (gelbe Markierung) bis zum Abzweig Thomaskreuz (Tomášův kříž) gehen. Hier folgen wir der blauen Markierung nach rechts und entdecken versteckt zwischen Bäumen das gusseiserne Kruzifix. An der Verzweigung nehmen wir den Weg geradeaus, den Hang hinunter. Links steht zwischen zwei alten Linden die sechseckige St.-Anna-Kapelle (1880) mit einer Bank davor. Wir treffen auf die Hauptstraße, an der Verzweigung gehen wir geradeaus, vorbei am **Hostinec Mexiko** (3 Std.). Als das Gasthaus 1868 eröffnet wurde, wollte man daran erinnern, dass kurz zuvor die Republikaner in Mexiko Kaiser Maximilian, den Bruder des österreichischen Kaisers Franz Joseph I., erschossen hatten.

Auch der Name des Ortes weckt Erinnerungen: In Glasersdorf (Sklenařice) vermutet man die älteste Glashütte Ostböhmens: Sie wurde

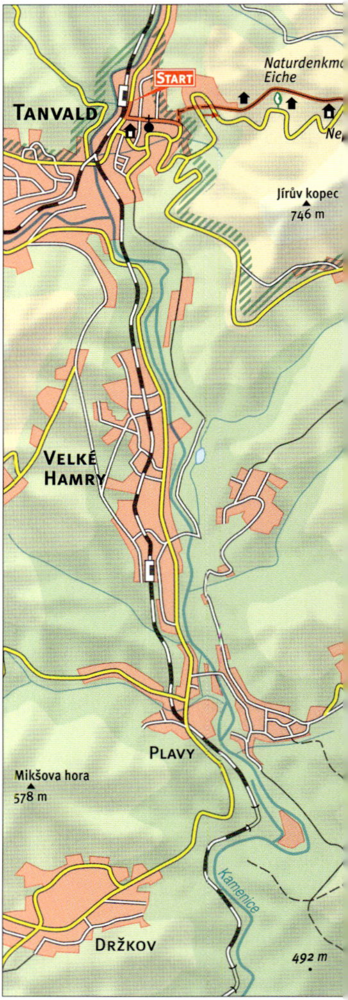

bereits 1376 erwähnt. Unweit der St.-Anna-Kapelle fanden Archäologen Reste eines Glasofens (Gedenkstein). Nahe dem Hostinec Mexiko steht links eine Nepomuksäule, weiter oberhalb ein Gedenkstein für Kriegsopfer. Die ursprüngliche Tafel mit den Namen Gefallener des Ers-

ten Weltkrieges wurde entfernt, man liest jetzt nur tschechische Namen und die Inschrift »Den Gefallenen der Okkupation 1938–45«.

Wir biegen von der Hauptstraße links ab und folgen dem Hinweisschild zur Pension Harry. Leicht bergan, erreichen wir den Aussichtspunkt an der barocken St.-Joseph-Statue mit Bank. Schon seit 1769 schaut die Figur aus rotem Sandstein mit dem Jesuskind im Arm über die malerische Gegend des westlichen Riesengebirges. Der Sandweg trifft auf die Hauptstraße, gegenüber befindet sich ein Steinkreuz. Nach

Der Stephansturm auf dem Stern

100 m biegen wir vor dem Parkplatz nach links ab, gehen am Skizentrum Šachty vorbei und erreichen die ersten Gebäude von Hochstadt a. d. Iser (Vysoké nad Jizerou). Immer am Zaun entlang, haben wir bald das Hotel und Restaurant Větrov erreicht. Kurz darauf stehen wir auf dem Markt von **Vysoké nad Jizerou** mit Bushaltestelle (3.45 Std.).

In die Heimat der Geigenbauer

Von Jablonetz an der Iser zur ehemaligen Mautstelle

Rauschend springt die Iser über Granitsteine. Der meist sehr bequeme Weg folgt ihr flussaufwärts durch Mischwald. In Pasek klappert noch ein alter mechanischer Webstuhl. Über Streusiedlungen und Wiesen bieten sich herrliche Aussichten auf das Westriesengebirge.

DIE WANDERUNG IN KÜRZE

+ Anspruch

2.30 Std. Gehzeit

11 km Länge

Charakter: Streckenwanderung auf bequemen und meist schattigen Wegen, kurzer steiler Aufstieg von Makov nach Paseky n. J.

Markierung: Grüne und blaue Querbalken

Wanderkarte: Riesengebirge Krkonoše 1 : 50 000, VKÚ Harmanec Nr. 22

Einkehrmöglichkeiten: Restaurant Na Buďárce in Paseky n. J. (tägl. 11–22 Uhr) und an der ehemaligen Mautstelle (Na Mýtě)

Anfahrt: Bus aus Harrachov, Vrchlabí, Jilemnice, Liberec und Tanvald, Regional**bahn** aus Jilemnice. **PKW-**Anfahrt über die Hauptstraße Nr. 14 Jilemnice–Liberec (Parkmöglichkeit am Markt in Jablonec n. J.).

Rückfahrt: Linienbus von Harrachov oder Tanvald über Na Mýtě nach Jablonec n. J. Fahrzeit: 20 Min., Fahrplan: www.vlak-bus.cz

Geigenbaumuseum in Paseky n. J.: Tägl. außer Montag 9–12, 13–16 Uhr

Vom **Marktplatz in Jablonec nad Jizerou** mit Bushaltestelle gehen wir die Hauptstraße nach Rokytnice n. J./Harrachov entlang, vorbei an Kirche und Kulturhaus. Wir folgen den grünen Markierungsbalken. Etwa 300 m hinter dem Kulturhaus, vor der Straßenkurve, biegen wir auf den Wanderweg nach links ab und überqueren die Bahngleise und kurz darauf eine Brücke über die Iser. Der Weg führt anfangs an Wohnhäusern mit Gärten entlang, weiter durch Mischwald und durch die Streusiedlung Zadní Blansko. Hier nähern wir uns der Hauptstraße, gehen aber hinter den letzten Häuschen nicht über die Brücke, sondern den schmalen Pfad weiter geradeaus in den Wald hinein. Der Pfad verläuft an einem Steilhang der Iser, oberhalb erreichen wir wieder das Flussufer. Das Wasser ist klar, und mit etwas Geduld lassen sich Forellen und Wasseramseln beobachten. Hinter dem holzschindelgedeckten Haus gehen wir weiter geradeaus in Flussnähe. Wir erreichen die Straße nach Paseky n. J. – hier befinden sich Einkaufsmarkt und **Hotel Pasek** (45 Min.) – und gehen nach rechts etwa 100 m sanft bergab. An der Straßen-

An den Hängen des Isertals

gabelung mit Garagenkomplex halten wir uns links. Nun folgt ein längerer schweißtreibender Aufstieg, an der Kreuzung Planýrka halten wir uns geradeaus, unter einer Bergahornreihe immer weiter bergauf. Beim Rückblick schauen wir auf Kahle Koppe (Lysá hora), Kesselkoppe (Kotel) und Wolfskamm (Vlčí hřeben). Vor dem Wäldchen nehmen wir den Pfad über die Wiese rechts bergauf und stehen wenig später an der **Kirche von Paseky nad Jizerou** (1 Std.). Gegenüber befindet sich das Geigenbaumuseum, nur wenige Schritte weiter das Gasthaus.

Vom Museum oder Gasthaus gehen wir geradeaus an der Kirche vorbei, weiter auf dem unmarkierten Fahrweg entlang. An der Böschung können wir im Frühsommer Walderdbeeren naschen. Etwa 100 m hinter der Kirche kommen wir in einen Mischwald. An der nächsten Lichtung bietet sich ein weiter Ausblick über Rokytnice n. J. (Rochlitz) und das Westriesengebirge. An der winzigen Streusiedlung Na boře mit zwei Wohnhäusern und einem kleinem Quellhäuschen gehen wir geradeaus auf einem schmalen Wiesenpfad vorbei. Wir tauchen in den

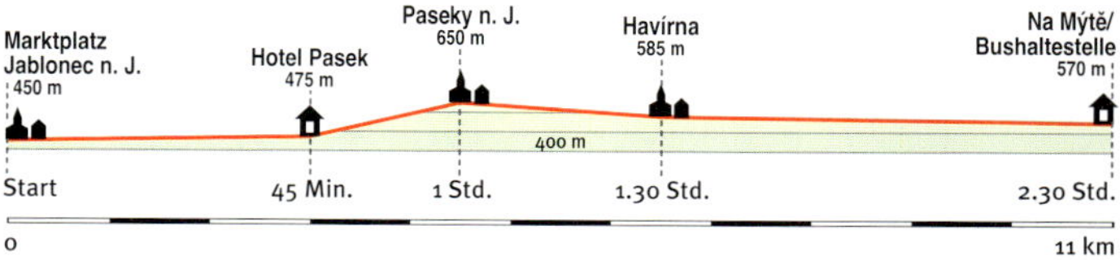

Mischwald ein, wo sich einige Lesesteinhaufen und -mauern befinden. Ein steiler Abstieg führt uns zum blau markierten Wanderweg Planýrka und zur Dreifaltigkeitskapelle (kaplička Nejsv. Trojice). Die Kapelle ließen Bergleute errichten, die hier im 17. Jh. nach Silbererz gruben. 1994 wurde sie restauriert; den neuen farbigen Holzstich der Dreieinigkeit schuf der Künstler Jiří Kment. An der Gabelung hinter der Kapelle gehen wir links in den Wald. Hawirna/**Havírna** (1.30 Std.) ist ein typischer kleiner Gebirgsort an steilen Wiesenhängen entlang des Hawirnabaches (Havírenský potok). Auf gleicher Höhe wandert es sich angenehm durch schattigen Mischwald. Tief unter uns plätschert die Iser mit vielen Steinen im Flussbett. Am Wegesrand steht ein Bunker, bald darauf überqueren wir eine alte Brücke über die Iser. Kurz oberhalb vereinigen sich Mummel (Mumlava) und Iser (Jizera), und nach wenigen Schritten stehen wir an der ehemaligen Mautstelle/**Na Mýtě** (2.30 Std.) mit Restaurant und Bushaltestelle.

Paseky nad Jizerou (Pasek an der Iser)

Die einschiffige St.-Wenzels-Kirche wurde 1787–89 im Barockstil erbaut. Das Interieur ist einheitlich im Rokokostil gehalten: Hauptaltar, zwei Seitenaltäre, Kanzlei und 20 Bänke stammen aus einer Jesuitenkirche in Altbunzlau (Stará Boleslav), die nach der Auflösung des Ordens geschlossen wurde. Die beiden Linden vor der Kirche wurden 1811 zum Andenken an die Heirat des Kronprinzen Rudolf mit der belgischen Prinzessin Stefanie gepflanzt. Auf dem benachbarten Friedhof steht ein wertvolles Barockkreuz aus Gusseisen (1825), hier ruht auch der Geigenbauer, Musiker, Chronist, Schauspieler, Dramaturg und Dorfphilosoph Věnceslav Metelka (1807–1867). Er begründete die Geigenbauertradition im Riesengebirge. Zu Metelkas Schule bekennen sich die besten tschechischen Geigenbauer der Gegenwart, so die Familien Pilař und Špindlen, deren Instrumente heute Weltruhm genießen.

Im Gebäude des ehemaligen Pfarramtes befindet sich das Geigenbaumuseum. Neben dieser besonderen regionalen Kunst zeigt man auch die Arbeit an einem mechanischen Webstuhl aus der Mitte des 18. Jh. Damit gewebte Teppichbrücken werden zum Verkauf angeboten. In der Gemeinde verstreut finden sich mehrere schöne Riesengebirgsblockhäuser.

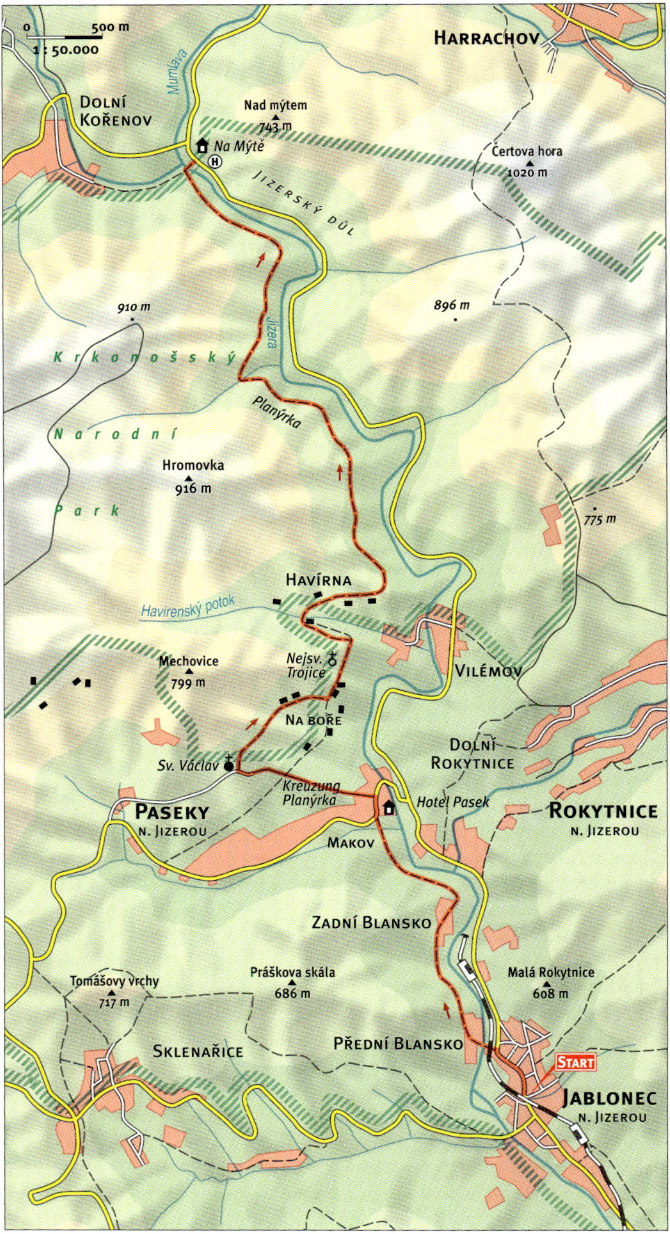
0
500 m
1 : 50.000
Harrachov
Dolní Kořenov
Mumlava
Nad mýtem
743 m
Na Mýtě
Čertova hora
1020 m
Jizerský důl
910 m
896 m
Jizera
Krkonošský
Narodní
Park
Planýrka
Hromovka
916 m
775 m
Havírna
Havirenský potok
Mechovice
799 m
Nejsv. Trojice
Vilémov
Na Boře
Dolní Rokytnice
Sv. Václav
Kreuzung Planýrka
Hotel Pasek
Paseky n. Jizerou
Rokytnice n. Jizerou
Makov
Zadní Blansko
Tomášovy vrchy
717 m
Práškova skála
686 m
Malá Rokytnice
608 m
Sklenařice
Přední Blansko
Start
Jablonec n. Jizerou

Panoramawege über Rochlitz

Von Rochlitz an der Iser zur Hofbaude

Die Gemeinde Rochlitz erstreckt sich weit im Tal des Hüttenwassers. Bäume an den Hängen verleihen der Landschaft einen lieblichen Charakter. Vom Hüttenbachfall führt der Pfad steil bergan zur Hofbaude. Uns erwarten blumenreiche Wiesen und eine prächtige Aussicht.

DIE WANDERUNG IN KÜRZE

++
Anspruch

3.30 Std.
Gehzeit

13 km
Länge

Charakter: Rundwanderung, steiler Aufstieg vom Hüttenfall zur Hofbaude und langer Abstieg von der Hofbaude zurück in das Rochlitzer Tal

Ausrüstung: Teleskopstöcke

Wanderkarte: Riesengebirge Krkonoše 1 : 50 000, VKÚ Harmanec Nr. 22

Einkehrmöglichkeiten: iRestaurants in Rokytnice n. J., Bergbaude Dvoračky (tägl. 9–23 Uhr) und Švadlenka (tägl. 11–22 Uhr)

Anfahrt: Bus aus Harrachov und Jilemnice, **Bahn** aus Jilemnice (vom Bahnhof Rokytnice n. J. führt ein Wanderweg zum Marktplatz, 3 km), **PKW-**Anfahrt auf der Hauptstraße Nr. 14 Vrchlabí–Liberec, an der Tankstelle Rokytnice n. J. auf Nebenstraße Nr. 294 (Parkplatz am Markt).

Das Städtchen Rochlitz (Rokytnice nad Jizerou) hat einen Ruf als Sommerfrische und bedeutendes Skisportzentrum. Noch in den 1930er Jahren klapperten in über tausend Häusern Handwebstühle, das Hüttenwasser (Hut'ský potok) trieb Mühlen und Maschinen in Webereien und Drechslereien an.

Vom Wegweiser am **Marktplatz in Rokytnice nad Jizerou** gehen wir in Richtung Rezek. Die gelben Markierungsbalken führen uns auf einer schmalen Straße, vorbei an Rathaus, Kriegerdenkmal und Wohnhäusern, darunter auch hübsche Blockhäuser, steil bergan. An der **Wegkreuzung Horní Ves** (15 Min.) finden wir einen Rastplatz unter einer alten Linde mit herrlichem Ausblick auf Rokytnice und die umliegenden Berge. Hier biegen wir links auf den Alleeweg ab und folgen jetzt bis Dvoračky den blauen Markierungsbalken. Vor dem **Hotel Modrá hvězda** (45 Min.) überqueren wir den Parkplatz bis zum Wegweiser und anschließend die Hauptstraße. An der Pension Olimpie gehen wir gleich wieder nach rechts und vorbei am Ski- und Snowboardverleih. Der schmale Wiesenpfad führt nahe des Hüttenwassers (Hut'ský potok) an einem aufgegebenen Schwimmbecken vorbei. Das Hüttenwasser queren wir über eine kleine Brücke, danach halten wir uns an der Straße links. Gegenüber der Parkplatzeinfahrt biegen wir nach rechts ab, vorbei am Hotel Starý mlýn und mehreren alten

Riesengebirgsblockhäusern. Weiter oberhalb, im Ortsteil Sahlenbach (Rokytno), sind noch weitere Holzhäuser zu sehen, die Szenerie erinnert an ein Freilichtmuseum. Nach reichlich einer Stunde treten wir in den Hochwald ein und überschreiten die Nationalparkgrenze. Der Hüttenbachfall/**Huťský vodopád** (1.15 Std.) rauscht 20 m in die Tiefe. An der Gabelung oberhalb des Wasserfalls biegen wir links ab und gehen über die Brücke. Am Wege-T Huťský potok biegen wir nach rechts Richtung Dvoračky ab. Oberhalb der Brücke fließt der Hüttenbach über mehrere malerische Kaskaden talwärts. An der Huťská bouda genießen wir den Ausblick zum Kozákov im Böhmischen Paradies (Český ráj), daneben sind auch die beiden markanten Türme der Burg Trosky zu sehen. Durch Fichtenwald steigt der Pfad nun sehr steil bergan. Im Frühsommer verbreitet der Schlangenknöterich auf der großen Waldlichtung unterhalb der Hofbaude (Dvoračky) einen aufdringlichen Duft. An der Kreuzung Sedlo pod Dvoračkami biegen wir nach links ab. Hier befindet sich auch ein Rastplatz mit schönem Blick zur Kesselkoppe (Kotel). Auf den Wiesen blühen neben Allerweltspflanzen auch Narzissen-Windröschen, Habichtskraut, Böhmische Glockenblume und Geflecktes Knabenkraut. An der Hofbaude/**Dvoračky** (2 Std.) biegen wir links ab und folgen ab hier den gelben Markierungsbalken. An der Gabelung bleiben wir auf dem Asphaltweg, der halb links steil bergab führt. Artenreiche Flora verwandelt die Wiesen am Wegesrand in einen bunten, duftenden Teppich. Wir tauchen wieder in Fichtenwald ein und erreichen die **Wegkreuzung Nad Světlankou** (2.15 Std.). Hier biegen wir nach rechts Richtung Ručičky ab und kommen am Restaurant Švadlenka vorbei. Es bietet sich ein weiter Ausblick ins südliche Riesengebirgsvorland. Kurz hinter zwei Skilifttrassen stehen wir am Abzweig Hoření domky, wo wir links abbiegen. Oberhalb des Wegweisers steht ein neues Riesengebirgsblockhaus, in traditioneller Bauweise errichtet. Vor der Hütte Skácelka führen Stufen hinunter, weiter geht es über den kleinen Steg. Auf den Wiesen weiter unterhalb blüht häufig das Orangefarbene Habichtskraut. An der Gabelung gegenüber vom Imbiss U Zalomenýho halten wir uns geradeaus Richtung Tal und kommen an der Talstation des Sessellifts auf den Kahlen Berg vorbei. An der Straßengabelung führt der gelb markierte Weg nach links, wir gehen aber nach rechts auf dem unmarkierten Weg weiter. Vor der **Nationalparkinformation Rokytnice n. J.** (3 Std.) treffen wir auf die grüne Markierung,

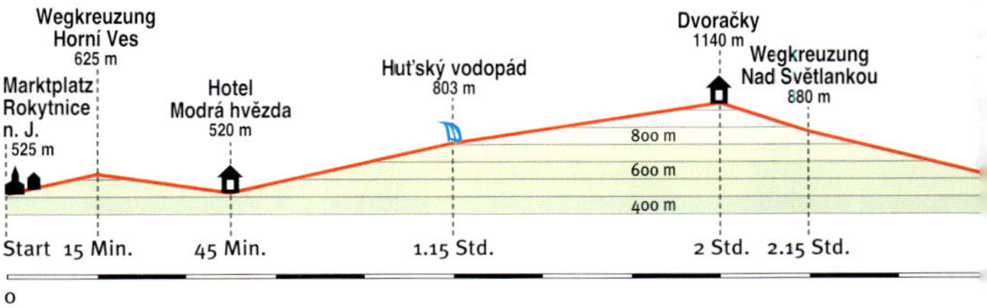

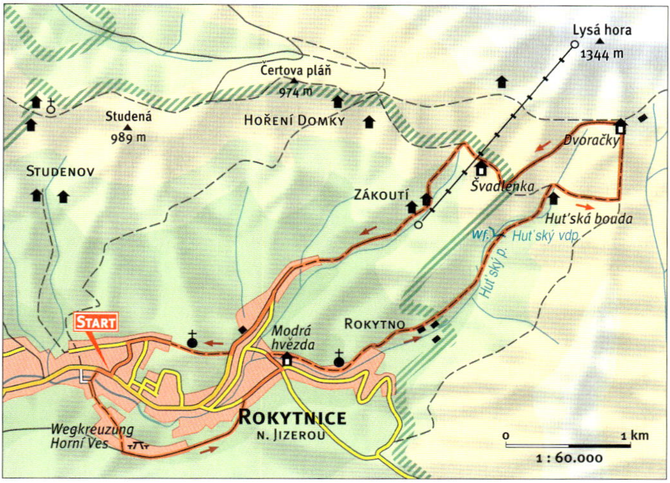

der wir etwa 200 m folgen. Der Weg gabelt sich nochmals, wir halten uns halb rechts. Im Rückblick ist unterhalb der Kesselkoppe noch einmal die Hofbaude zu sehen. Auf den Asphalt sind weiße Pfeile gemalt, denen wir in die Gegenrichtung folgen. Nach einem kurzen Aufstieg stehen wir vor der barocken **Kapelle** (3.15 Std.) mit Sitzbank. An der Gabelung etwa 100 m weiter führt der Pfad links hinunter. Unter einem alten Ahornbaum befindet sich eine Sitzbank mit schönem Blick auf Rochlitz. Wir wandern vorbei an Wohnhäusern, Neubauten und der Pension Anna. Auf Höhe des Rathauses treffen wir auf den gelb markierten Weg. Hier biegen wir links ab, und nach kurzem Abstieg stehen wir wieder am **Marktplatz von Rokytnice n. J.** (3.30 Std.).

Dvoračky

Am Südhang des Kahlen Berges (Lysá hora) standen bereits im 17. Jh. die Sahlenbacher Hofbauden: Sie gehörten zum Herrenhof im Tal. Das Vieh weidete im Sommer auf der Alm, im Winter wohnte hier nur ein Wächter. Der Südhang begünstigte die Weidewirtschaft auf Pachtbasis. Im 18. Jh. umfasste die Fläche etwa 150 Hektar. Von ursprünglich 20 Bauden existieren heute noch sechs Gebäude. Nach einem verheerenden Brand 1893 kaufte Graf Harrach die Reste des größten Anwesens und eröffnete 1896 die Harrachsche Berggaststätte. 1928 erhielt die Hofbaude ihr heutiges Erscheinungsbild. Im Gastraum ist der grüne Kachelofen sehenswert (s. S. 17).

Tour 7

Elbfall und Goldhöhe

Von Spindlermühle zum Elbfall

Der anfangs sehr bequeme Weg folgt der jungen, glasklaren Elbe flussaufwärts durch Bergmischwald. Später gibt es freie Sicht auf eine wilde Felskulisse, und zwischen Elbfall und Korkonosch bieten sich Panoramablicke auf weite Teile des Westriesengebirges.

DIE WANDERUNG IN KÜRZE

+ Anspruch

3.45 Std. Gehzeit

16 km Länge

Charakter: Rundwanderung auf meist bequemen Wegen, längerer Aufstieg vom Elbgrund zur Elbfallbaude

Wanderkarte: Riesengebirge Krkonoše 1 : 50 000, VKÚ Harmanec Nr. 22

Einkehrmöglichkeiten: Kiosk in der Elbfallbaude (tägl. 10–16 Uhr), Vrbatova bouda (tägl. 9.30–16 Uhr)

Anfahrt: Bus von Berlin ZOB über Dresden Hbf. Bayerische Str. nach Špindlerův Mlýn (nur sonntags, ab Berlin 8 Uhr, ab Dresden 11.30 Uhr), Busse aus Prag, Trutnov und Harrachov über Vrchlabí nach Špindlerův Mlýn. **PKW-**Anreise über Hauptstraße Nr. 14 Liberec–Trutnov, ab Vrchlabí Nebenstraße Nr. 295. In Spindlerův Mlýn gibt es vier kostenpflichtige Parkplätze.

Rückfahrt: Sessellift vom Schüsselberg (Medvědín) nach Spindlermühle (Špindlerův Mlýn) tägl. 8–18 Uhr zu jeder halben Stunde

Nahe dem zentralen Wegweiser an der Post in Spindlermühle/ **Špindlerův Mlýn** überqueren wir die Elbe auf einer seltenen Beton-Bogenbrücke. Wie vielerorts in Böhmen soll auch hier eine Statue des hl. Nepomuk Schaden und Unglück vom Bauwerk fern halten. Am rechten Ufer der Elbe folgen wir der blauen Querbalkenmarkierung, vorbei an den Hotels Hubertus, Nechanický, Savoy und der Talstation des Ses-

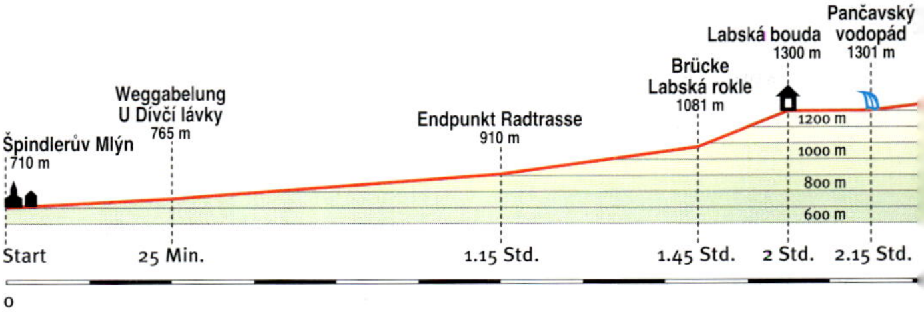

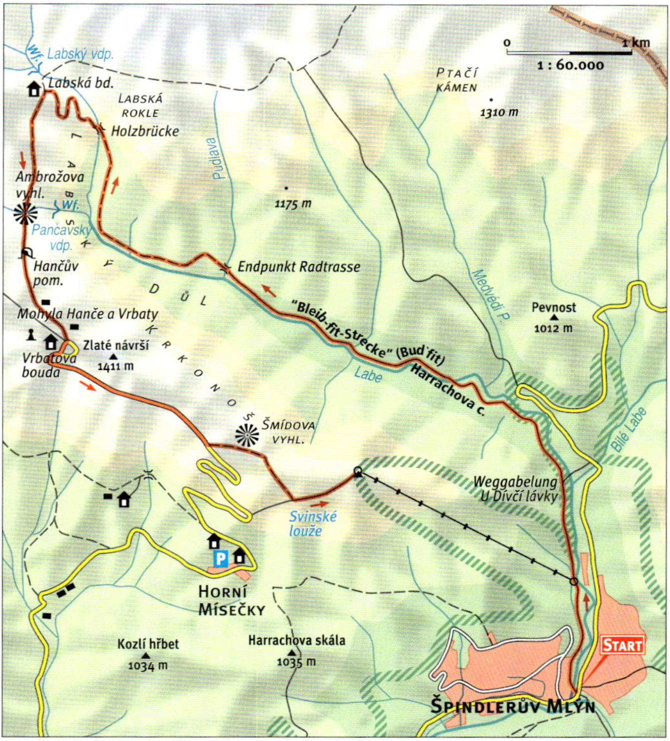

sellifts auf den Schüsselberg (Medvědín). An der Weggabelung Am Mädelsteig (U Dívčí lávky) beim Zusammenfluss von junger Elbe (Labe) und Weißwasser (Bílé Labe) steht ein Blockhäuschen mit einem Infostand des Nationalparks. Graf Johann von Harrach, Eigentümer großer Flächen im böhmischen Riesengebirge, ließ hier 1879 einen komfortablen Wander- und Kutschweg anlegen. Nach dem Adligen erhielt er seinen Namen: Harrachweg (Harrachova cesta). Es öffnet sich der waldreiche Elbgrund, einst ausgehobelt von einem fünf Kilometer langen Gletscher. Über der Mündung des Bärenbaches (Medvědí potok) in die Elbe schob das Eis eine gut 20 m hohe Moräne zusammen. Etwa 250 m danach queren wir die Elbe. Linker Hand türmt sich der Steilhang des Korkonosch (Krkonoš) mit Urwaldresten auf. 1904 erklärte Graf Harrach 60 ha zum Naturschutzge-

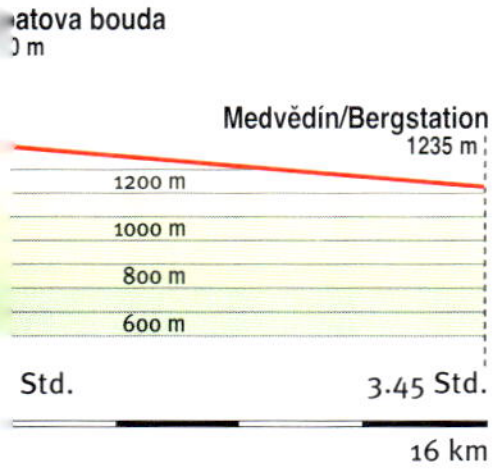

biet, es war das erste im Riesengebirge überhaupt.

An der Mündung des Pudelgrundbaches (Pudlava) in die Elbe befindet sich der **Endpunkt der Radtrasse** und »Bleib-fit-Strecke« für Skiläufer, die an der Nationalparkinformation ihren Anfang nahm (1.15 Std.). Rechts oberhalb rauscht der Pudelfall (Pudlavský vodopád) eilig zur jungen Elbe hinab. Das obere Tal bleibt im Winter gesperrt, denn gleich neun Lawinenbahnen kreuzen den weiteren Weg. Sturm, Lawinen und saurer Regen haben dem Wald arg zugesetzt. Manche Bäume erscheinen von weitem wie geknickte Streichhölzer. Häufig herabstürzende Schneemassen lassen vielerorts keinen beständigen Baumwuchs zu, nur widerstandsfähige Sträucher und Krautpflanzen in großer Artenvielfalt trotzen den Naturgewalten. Hier wächst auch die Sudetische Mehlbeere, eine Kreuzung zwischen Echter und Zwergmehlbeere, die während der Eiszeit entstand, Heute findet man im Nationalpark etwa 150 dieser Endemiten.

Auf dem weiteren Weg genießen wir Einblicke in drei schroffe Kare des Elbgrundes, die Riesengebirgler nannten sie Gruben: Harrachgrube (Harrachova jáma), Pantschegrube (Pančavská jáma) und Naworergrube (Navorská jáma). In der Pantschegrube stürzt der Pantschefall 250 m in die Tiefe. Das hiesige Schustlergärtchen (Schustlerova zahrádka) besitzt die reichhaltigste Flora im böhmischen Riesengebirge, ist aber nicht zugänglich. Der Name erinnert an Prof. Schustler, der schon 1923 Pläne für einen Riesengebirgsnationalpark unterbreitete, die aber erst 1963 Realität wurden. Scherzhaft werden die Gruben auch als biologische Mülldeponien bezeichnet: Luftwirbel verstreuen in den Gruben Samen, Kleintiere und Bodenteilchen auch von weit entfernten Flächen. Die bunte Pflanzengemeinschaft profitiert von reichlich Sonnenschein, Windschutz und ausreichender Feuchtigkeit.

Auf den Kahlschlägen im oberen Elbtal liegen rechter Hand Tausende abgerundete Granitsteine verstreut, Geschenke des eiszeitlichen Gletschers. Der emissionsgeschädigte Fichtenwald soll hier durch artenreichen Mischwald ersetzt werden. Grüne Schutzfolien bewahren die zarten Setzlinge in den ersten Jahren vor dem extremen Klima und Wildfraß. Wir überqueren die Elbe auf der **Holzbrücke Labská rokle** (1.45 Std.), der gepflasterte Weg führt in zahlreichen Serpentinen an den oberen Rand des Elbgrundes. Von hier folgen wir dem Pfad nach rechts 200 m zur Aussichtsterrasse des Elbfalls (Labský vodopád). Nur zum Frühlingstauwetter oder nach Starkniederschlägen schießt das Elbwasser wild schäumend über mehrere Kaskaden talwärts. Früher wurde das Wasser zur Freude der Schaulustigen künstlich angestaut und gegen einen Obolus abgelassen. Um 1830 stand hier eine kleine Hütte, in der für das leibliche Wohl der Touristen gesorgt wurde. Zwanzig Jahre später waren auch Fremdenbetten vorhanden. Graf Harrach ließ die Elbfallbaude mehrmals umbauen und erweitern. Die neue Elbfallbaude/**Labská bouda** (2 Std.) entstand nach einem Brand Mitte der 1970er Jahre als hässlicher Betonklotz völlig neu; seit fast einem Jahrzehnt schaut sie einem ungewissen Schicksal entgegen, einzig der kleine Imbiss ist geöffnet.

Von der Elbfallbaude folgen wir den roten Zeichen an der oberen

Am Pantschefall

Kante des Elbgrundes. Beim Hinunterschauen können wir zum Teil den zurückgelegten Aufstiegsweg verfolgen. Bei schönem Wetter sollte man sich kurz vor dem Pantschefall den Ambrosius-Blick (Ambrožova vyhlídka) nicht entgehen lassen, der Pfad führt links etwas versteckt zum Felsabbruch. Von hier überblickt man den Elbgrund bis zu den Hochflächen des Ostriesengebirges mit der Schneekoppe. Unter uns schlängelt sich die Elbe dahin.

Der Pantschefall/**Pančavský vodopád** ist der höchste Wasserfall Tschechiens (2.15 Std.).

Im Wasser tummeln sich mitunter Bachsaiblinge, die hier um 1900 ausgesetzt wurden; der saure Regen konnte ihnen im Gegensatz zu den Bachforellen nichts anhaben.

Wir überqueren die Pantsche und folgen dem Weg durch Latschenkiefern leicht bergan.

Am linken Wegrand steht ein stumpfer Obelisk mit der Aufschrift »Mister Hanč«: Am 24. März 1913 fand ein 50-km-Skilauf statt, der wegen Wetterumschwung aber vorzeitig abgebrochen wurde. Der führende Bohumil Hanč wusste davon nichts. Suchende fanden ihn halb erfroren an dieser Stelle; kurze Zeit später erlitt er einen Herzstillstand.

Auf beiden Seiten des Weges stehen einige Bunker aus den 1930er Jahren (s. Tour 2, S. 23). Vor der **Vrbatova bouda** (2.45 Std.) zweigt rechts ein Weg zum symbolischen Grabhügel von Hanč und Vrbata (Mohyla Hanče a Vrbaty) ab. Václav Vrbata kam seinem Freund Hanč beim Skiwettlauf zu Hilfe und erfror selbst. An der Gedenkstätte befindet sich eine Aussichtskanzel.

Die Vrbatova-Baude ist gemütlich eingerichtet, davor befinden sich ein Infostand des Nationalparks und ein Imbiss.

Die einst benachbarten Habichtsbauden (Jestřábí boudy) sind verschwunden. Deutsche Forscher unternahmen hier ab 1938 Einbürgerungsversuche mit nordischen Tierarten, so dem seltenen Gerfalken. Die »Polarstation auf der Goldhöhe« war in Fachkreisen sehr populär. Nach Kriegsausbruch probten hier Spezialeinheiten der Wehrmacht den Überfall auf Norwegen. In den 1980er Jahren wurden die Gebäude abgetragen.

Von der Vrbatova-Baude gehen wir die Masaryk-Straße hinunter. Die Straße entstand zum Aufbau des Grenzwalls 1932–1936 und trägt den Namen des Präsidenten der 1. Tschechoslowakischen Republik. Von der ersten Serpentine aus schaut man auf malerische Seitenkämme und das südliche Riesengebirgsvorland. Die Gipfel Jeschken (Ještěd) und Kozákov sowie die Hügel im Böhmischen Paradies (Český ráj) heben sich deutlich ab.

Nach knapp 1,5 km verlassen wir den Asphalt und biegen auf den rot markierten Weg links zum Kamm ab. Hier können wir 10 Min. später am Ludwig-Schmidt-Blick (Šmídova vyhlídka) bei einem herrlichen Blick in die Siebengründe (Sedmidolí) und auf den Schlesischen Grenzkamm verschnaufen. Auf dem Bronzegeländer sind wichtige Sichtpunkte vermerkt. Der abschüssige Weg gabelt sich kurze Zeit später. Wir folgen den gelben Zeichen und kommen zum kleinen Hochmoor Schweinepfütze (Svinské louže), das wir auf einem Brettersteg durchqueren. Nun ist auf dem Schüsselberg (Medvědín) bereits die **Bergstation des Sessellifts** zu sehen (3.45 Std.).

Wo der letzte Bär sein Leben ließ

Von der Spindlerbaude zur Martinsbaude

Die formenreichen Granitfelsen der Mädel- und Mannsteine am Hauptkamm lassen der Fantasie freien Lauf. Dazwischen bieten sich weite Ausblicke nach Böhmen und Schlesien. Durch Mischwald steigen wir nach Spindlermühle ab.

DIE WANDERUNG IN KÜRZE

++ Anspruch

3 Std. Gehzeit

12 km Länge

Charakter: Streckenwanderung, kurzer Aufstieg vom Löchel zu den Mädelsteinen, langer Abstieg von der Martinsbaude bis nach Spindlermühle

Ausrüstung: Teleskopstöcke

Wanderkarte: Riesengebirge Krkonoše 1 : 50 000, VKÚ Harmanec Nr. 22

Einkehrmöglichkeiten: Spindler-, Peter-, Martinsbaude (tägl. 8–22 Uhr) und Bärengrundbaude

Anfahrt: Bus von Berlin ZOB über Dresden Hbf. Bayerische Str. nach Špindlerův Mlýn (nur sonntags, ab Berlin 8 Uhr, ab Dresden 11.30 Uhr), Busse aus Prag, Trutnov und Harrachov über Vrchlabí nach Špindlerův Mlýn. **PKW-**Anreise über Hauptstraße Nr. 14 Liberec–Trutnov, ab Vrchlabí Nebenstraße Nr. 295. In Spindlerův Mlýn gibt es vier kostenpflichtige Parkplätze.
Vom Busbahnhof in Špindlerův Mlýn verkehrt ein Pendelbus zur Špindlerova bouda, stündlich 8.30–16.30 Uhr.

Vom Wegweiser an der Spindlerbaude/**Špindlerova bouda** folgen wir dem rot markierten Weg zur Peterbaude (Petrova bouda) geradeaus, links vorbei an einem Gebäude der polnischen Grenzwache. Ortsnamen wie Vogelherd (Čihadlo) und Vogelstein (Ptačí kámen) erinnern an ein längst untergegangenes Gewerbe: Einst legten sich Gebirgler mit Leimruten, Netzen und Fallrahmen auf die Lauer, um Vögel zu fangen. Noch immer führt eine bedeutende europäische Zugvogelroute über die Berge.

Auf beiden Seiten des breiten Schotterweges ragen die traurigen Skelette früheren Fichtenwaldes empor: Hier im Schlesischen Sattel (Slezske sedlo) pfeift der Wind oft besonders heftig, und an den Bäume blieben die Schadstoffe haften. Die geologischen Verhältnisse verschärfen die Situation zusätzlich: Der vorherrschende Granituntergrund bildet bereits von Natur aus saure Böden. Wenn zusätzlich noch saurer Regen fällt, kann dieser nicht ausgeglichen werden, wie bei Basalt- oder Kalkuntergrund.

An der ersten Wegkreuzung gehen wir weiter geradeaus. Links steht ein Gedenkstein, aufgestellt zum Auftakt der Zusammenarbeit mit der Stiftung Face.

Auf Asphalt gelangen wir in einen kleinen Sattel, der auf historischen Karten den Namen Im Löchel trägt. Anschließend müssen wir bis zur Peterbaude einen mäßigen Anstieg meistern. 1880 sah man in dieser Gegend die ersten Ski im Gebirge, von einem Hirschberger Arzt aus Schweden mitgebracht. Schneeschuhe und Hörnerschlitten waren bereits im 16. Jh. bekannt. Um die Wende vom 19. zum 20. Jh. kamen Hörnerschlittenfahrten als populäre Touristenattraktion in Mode: Pferde zogen die Vergnügungssüchtigen auf den Schlitten zur Peterbaude, von wo sie nach Spindlermühle oder ins schlesische Agnetendorf (Jagniątków) hinuntersausten. Die Gefährte lenkte ein geübter Gebirgler, der damit auch große Holzfuhren geschickt zu Tal transportieren konnte.

Vom **Abzweig U Petrovy boudy** (30 Min.) ist die Peterbaude noch 200 m entfernt. Wegen häufiger Besitzerwechsel bleibt sie leider oft verschlossen, bei geöffneter Tür sollte man jedoch hineinschauen und im historischen Gastraum eine Verschnaufpause einlegen.

Wir gehen weiter auf dem rot markierten Weg Richtung Wossekerbaude (Vosecka bouda), anfangs über die Mädelwiese und später durch Latschenkiefernbestände. Natursteinstufen und Granitsteine auf dem Weg erschweren den Aufstieg etwas. Die Mädelsteine/**Dívčí kameny** sind eindrucksvolle Granittürme (1 Std.). Ein Mädchen erfror hier im Sommer bei einem Schneesturm, daher der Name. Die fantasievollen Formen modellierte vor allem der Frost. Wasser dringt in Felsspalten ein, Eis zertrümmert den Granit. Viele Leute erklimmen die Felsen, um von oben eine noch bessere Aussicht zu genießen: Beim Blick zurück ist die Spindlerbaude vor der Kleinen Sturmhaube (Malý Šišák) zu sehen, darüber ragt die Schneekoppe empor. Vor uns sind bereits die Große Sturmhaube (Velký Šišák) und die Schneegrubenbaude (Wawel/Stacja TV) zu sehen. Kurioserweise ist die Große Sturmhaube fast 26 m niedriger als die Kleine Sturmhaube.

Auf halbem Wege zwischen Mädel- und Mannsteinen liegt vor uns ein beeindruckendes Panorama von der Schneekoppe am linken »Bildrand« bis zur Schneegrubenbaude rechts. Hier beginnt auch ein sorgfältig verlegtes Pflaster aus Granitsteinen, auf dem wir zügig voran kommen. Die Mannsteine/**Mužské kameny** erreichen wir nach ein paar Minuten, es sind ähnliche Gebilde

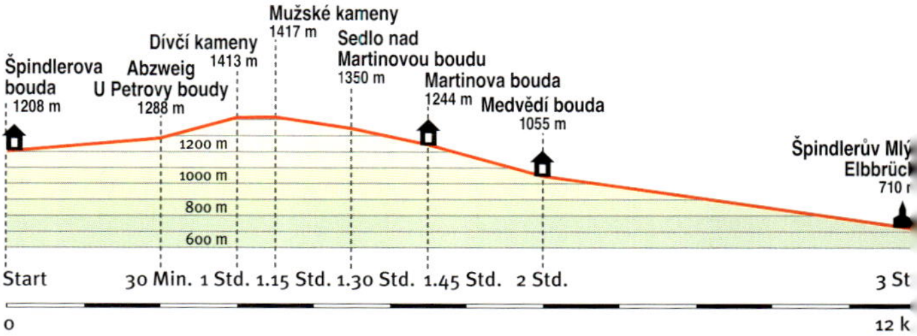

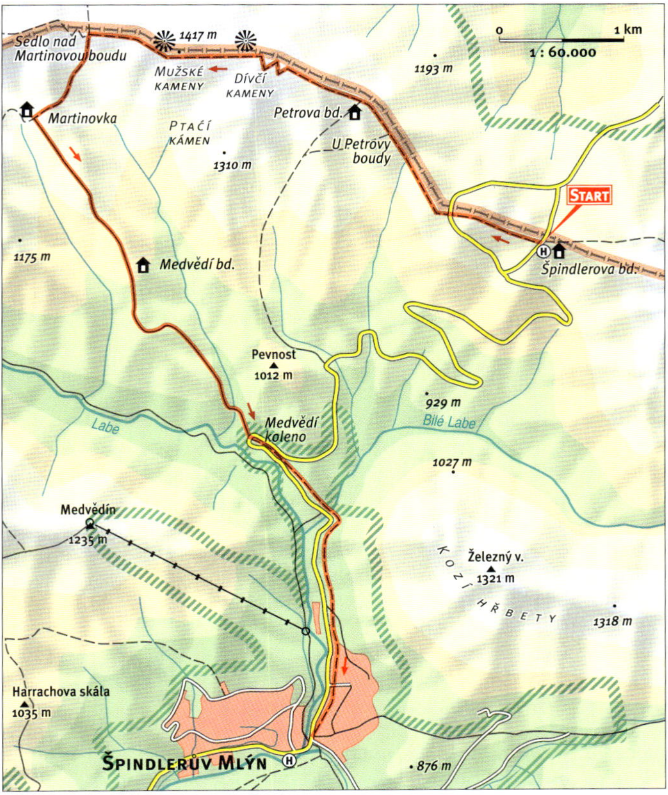

wie die Mädelsteine. An windgeschützten Stellen bietet sich die Möglichkeit zum Rasten und Schauen. Weiter unterhalb steht links ein Denkmal für Richard Kalman, der hier im Winter 1929 erfror. Im Sattel Czarna Przełęcz/**Sedlo nad Martinovou boudu** stehen wir an einer Wegkreuzung mit einem Unterstand (1.30 Std.). An dieser Stelle biegen wir nach links ab (nun blaue Markierung) und steigen zur Martinsbaude/**Martinova bouda** (1.45 Std.) hinunter. Während des Dreißigjährigen Krieges, 1642, errichteten Flüchtlinge hier am Südosthang des Hohen Rades (Vysoké Kolo) die erste Baude, Ende des 18. Jh. wurde sie von Martin Erlebach erneuert. Damit zählt sie zu den ältesten im Gebirge. Von der Martinsbaude folgen wir den grünen Markierungsbalken bis ins Zentrum von Spindlermühle. Oberhalb der Medvědí bouda befindet sich links eine Tafel, die wichtige Aussichtspunkte benennt. Die Bärengrundbaude/**Medvědí bouda** (2 Std.) erinnert daran, dass hier in der Gegend im Jahre 1726 der letzte Bär auf der böhmischen Riesengebirgsseite zur Strecke gebracht wurde. Auf dem betonierten Plattenweg

Bei den Mannsteinen

gehen wir weiter talwärts. Der Fichtenhochwald wandelt sich in den unteren Lagen zunehmend in artenreichen Bergmischwald, darunter sind viele alte Buchen. Ursprünglich bedeckten Buchen große Areale des Gebirges bis in eine Höhe von etwa 1000 m ü. NN. Am Abzweig Medvědí koleno erreichen wir die kaum befahrene Mautstraße zwischen Spindlermühle und -baude, der wir, vorbei an Wasserwerk, Campingplatz und Nationalparkinformation, bis ins Ortszentrum von **Špindlerův Mlýn** folgen (3 Std.).

Stiftung Face

1992 begann eine groß angelegte Wiederaufforstungsinitiative im Nationalpark, gefördert von der Stiftung Face. Mehrere niederländische Energieunternehmen, die fossile Brennstoffe nutzen, zahlen pro erzeugte Kilowattstunde 0,03 Cent ein. Um den Treibhauseffekt zu mindern, werden weltweit mehrere Waldprojekte unterstützt. In den nächsten 20 Jahren sollen im Riesengebirge vor allem artenreiche Bergmischwälder heranwachsen, die dem harten Klima im Gebirge trotzen können. Jährlich werden etwa 60 ha neu bepflanzt.

Das Face-Programm ist auf 100 Jahre angelegt und wird streng kontrolliert. Sollte das Aufforstungsprojekt nämlich scheitern, muss das Geld 2092 mit Zinsen an die Niederländer zurückgezahlt werden. Trotz niedrigerer Emissionen werden die alten Fichten-Monokulturbestände infolge in den Boden einsickernder Schadstoffe vorerst weiter sterben. Innerhalb der nächsten 20 Jahre sind auf ca. 15 000 ha weitere Schäden zu erwarten. Auf gleicher Fläche soll mit Hilfe der Face-Gelder in den nächsten Jahren ein stabiler und natürlicher Bergmischwald heranwachsen.

Auf dem Schneeschuhweg

Von Spindlermühle in den Weißwassergrund und zur Erlebachbaude

Der aussichtsreiche Schneeschuhweg (Dřevařská cesta) verläuft auf halber Höhe des Ziegenrückens bis zur Weißwassergrundbaude. Weltentrückt scheinen die Leierbauden auf einer lieblichen Alm.

DIE WANDERUNG IN KÜRZE

+ Anspruch

3.45 Std. Gehzeit

13 km Länge

Charakter: Rundwanderung, langer Abstieg von der Erlebachbaude bis nach Spindlermühle

Ausrüstung: Teleskopstöcke

Wanderkarte: Riesengebirge Krkonoše 1 : 50 000, VKÚ Harmanec Nr. 22

Einkehrmöglichkeiten: Weißwassergrundbaude (tägl. 10–17 Uhr), Josef- und Erlebachbaude (tägl. 11–18 Uhr), Pension Bruk, Pension Adolf

Anfahrt: **Bus** von Berlin ZOB über Dresden Hbf. Bayerische Str. nach Špindlerův Mlýn (nur sonntags, ab Berlin 8 Uhr, ab Dresden 11.30 Uhr), Busse aus Prag, Trutnov und Harrachov über Vrchlabí nach Špindlerův Mlýn. **PKW-**Anreise über Hauptstraße Nr. 14 Liberec – Trutnov, ab Vrchlabí Nebenstraße Nr. 295. In Spindlerův Mlýn gibt es vier kostenpflichtige Parkplätze.

Vom zentralen Wegweiser an der Post in Spindlermühle/**Špindlerův Mlýn** gehen wir halb rechts auf dem schmalen Asphaltweg recht steil den Hang aufwärts und folgen den gelben Markierungsbalken zur Weißwassergrundbaude (Bouda u Bílého Labe). Links steht das Hotel Windsor, rechts das Hotel Praha. Die Kirche des hl. Petrus (1807) mit holzschindelgedeckter Friedhofskapelle und die benachbarte Schule (1910) zählen zu den wenigen Gebäuden, die sich im 20. Jh. nicht verändert haben. Der Bau des Gotteshauses bescherte dem Ort seinen heutigen Namen: 1793 trafen sich die Einwohner von St. Peter in der Mühle des Herrn Spindler. Dort verfassten sie ein Bittgesuch an Kaiser Franz II., um eine größere Kirche erbauen zu dürfen. Der Kaiser wusste nicht genau, an welche Anschrift er den positiven Bescheid versenden sollte. So schickte er es kurzerhand nach »des Spindlers Mühle«, woraufhin sich bald die neue Bezeichnung Spindlermühle einbürgerte.

Nach etwa 500 m ist der steile Anstieg bewältigt. Wir erreichen eine Kreuzung mit Wegweiser, wo wir uns geradeaus halten, anfangs entlang des Fichtenhochwalds mit schönem Ausblick auf Ort und Schüsselberg (Medvědín). Wenig später gelangen wir an die nächste Kreuzung, nach links kommt man zum Hotel Horní pramen, wir halten uns weiter geradeaus. Kurz darauf beginnt der Schneeschuhweg (Dřevařská cesta), der etwa auf mittlerer Höhe den Ziegenrücken (Kozí hřbety) halbseitig umkreist. Bald genießt man freie Aussicht, der Hochwald weicht jungen Bäumchen. Rückblickend liegt uns das Tal von Spindlermühle zu Füßen, linker Hand das Westriesengebirge mit Elbgrund und Hohem Rad (Vysoké Kolo). Bei guter Sicht sind Elbfall-, Martins-, Peter- und Spindlerbaude zu erkennen.

Im Tal rauscht die junge Elbe. Der Weg macht einen großen Bogen und ermöglicht eine liebliche Aussicht auf eine waldgerahmte Alm mit den verstreuten Leierbauden (Jelení boudy), die wir auf dem Rückweg kennen lernen werden. Aus der Vogelperspektive sieht man deutlich den Unterschied zwischen Elb- und Weißwassergrund: Gletscher modellierten den Elbgrund U-förmig, der Weißwassergrund dagegen entstand durch Wassererosion, er ist eng und zeigt die Form eines V. Nach Starkregen verändern noch heute gewaltige Muren das Erscheinungsbild. Auch Felsstürze und Schneelawinen vom Ziegenrücken sind aktive Landschaftsgestalter.

Kurz bevor wir in den Fichtenhochwald eintauchen, ist der **Scheitelpunkt** des Schneeschuhweges erreicht (1.15 Std.). Bis zur Weißwassergrundbaude wandern wir auf schmalem und steinigem Pfad nur noch bergab.

50 m vor der Baude gluckst die Quelle des hl. Hubertus zu Tage. Nach 1.45 Std. stehen wir vor der Weißwassergrundbaude/**Bouda U Bílého Labe.** Gleich dahinter überquert man auf einer Holzbrücke das Weißwasser (Bílé Labe), welches hier wild über Granitblöcke dem Tale zustrebt. Aus dem Teufelsgrund (Čertův důl) mündet nahe des Steges das Bächlein Krummseifen (Čertova strouha) in das Weißwasser. Über Granitblöcke steigen wir durch Jungwald bergan. An der Schranke (Eintritt nur für Nationalparkpersonal) wendet sich der Pfad scharf nach links. Weiter gelb markiert (Richtung Josefova bouda), mündet er weiter oben in einen Fahrweg. Kahlschläge mit jungen Setzlingen ermöglichen noch für viele Jahre freie Sicht in alle Richtungen. Beeindruckend ragt die dunkle Nordflanke des Ziegenrückens empor, dessen Gürtellinie der Schneeschuhweg markiert. Wir gehen nun auf die Erlebachbaude zu, die unterhalb des Kamms in Gesellschaft anderer Gebäude steht. Nach etwa 1 km verlassen wir den Fahrweg und steigen nach rechts den steinigen Pfad hinauf, dem Hinweisschild »Josefova bouda« folgend. Nach Überqueren der Straße geht es rechts der Josefova bouda entgegen, der Pfad ver-

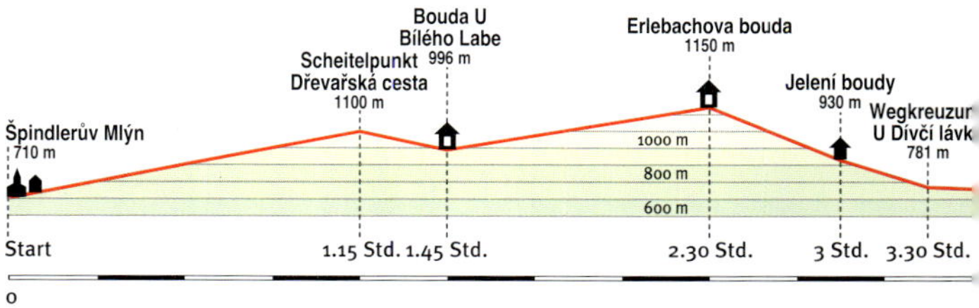

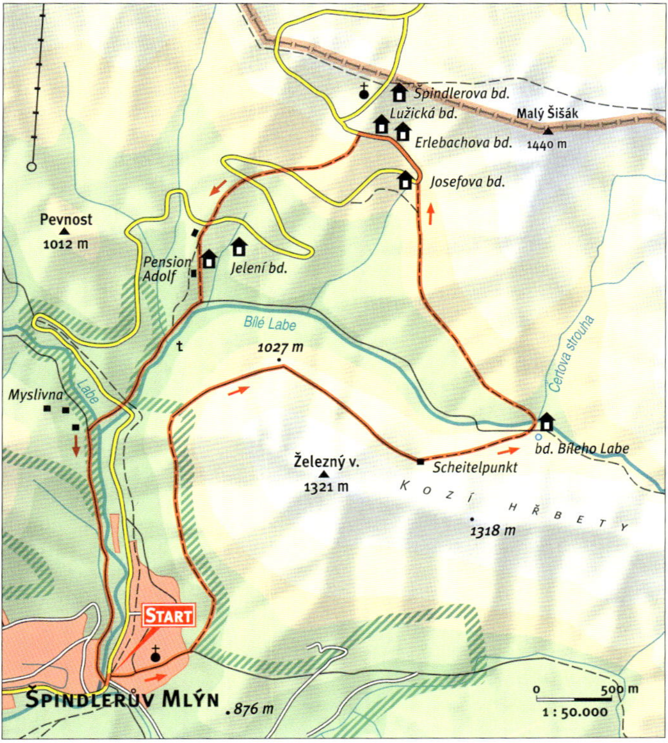

kürzt die 180-Grad-Straßenkurve. Die Straße zwischen Spindlermühle und Spindlerbaude ist das Werk italienischer Arbeiter (1914–1923). Sie waren sehr tüchtig, doch an Zahltagen ging das Temperament mit ihnen durch: Dann waren Messerstechereien an der Tagesordnung.

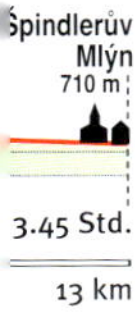

Die **Erlebachova bouda** (2.30 Std.) lädt zum Rasten ein. Davor steht rechts ein Steinrelief mit Weihnachtskrippenmotiv.

An der Wegkreuzung Lužická bouda biegen wir von der Straße nach links ab, der Weg ist jetzt grün markiert. Nach 50 m passieren wir eine Baudenruine: Das harte Klima beschleunigt den Verfall nicht bewirtschafteter Gebäude rapide. Drei Mal überquert die Abstiegsroute die Serpentinenstraße von Spindlermühle zur Spindlerbaude, am unteren Teil des Weges wurden Stufen aus Natursteinen instand gesetzt. Nach dem letzten Straßenübergang öffnet sich der Hochwald auf einer Alm mit

Bei den Leierbauden

den Leierbauden/**Jelení boudy** (3 Std.). Hier verlassen wir kurz den markierten Weg, der am ersten Gebäude nach rechts abbiegt, denn viel schöner läuft es sich auf dem Fahrweg geradeaus zwischen Bauden und Viehweiden hindurch. Der Hochwald grenzt an die Pension Adolf, kurz darauf mündet der grün markierte Weg ein, dem wir ab hier wieder weiter talwärts folgen. Jetzt hört man bereits das Weißwasser rauschen. An der Wegkreuzung Pod Jeleními boudami gehen wir auf Asphalt bis zur **Wegkreuzung U Dívčí lávky** (3.30 Std.). Dort wechseln wir auf die blaue Markierung, kurz darauf stehen wir am Zusammenfluss von Elbe und Weißwasser (Restaurant Myslivna).Hinter der Elbbrücke ist der Nationalpark-Infostand erreicht. Wir biegen links ab und begleiten die Elbe bis ins Zentrum von **Špindlerův Mlýn** (3.45 Std.).

Ein Hauch von Skandinavien

Zu Planur, Geiergucke und Wiesenbaude

Brunn- und Hochwiesenberg zählen zu den mächtigsten Gipfeln des Riesengebirges. Die angrenzende Hochfläche mit Tundra und Hochmooren erscheint wie Skandinavien im Westentaschenformat. Die Tour folgt auch alten Schmuggler- und Glashändlerpfaden.

DIE WANDERUNG IN KÜRZE

+++ Anspruch

4 Std. Gehzeit

17 km Länge

Charakter: Rundwanderung mit langem und schwerem Abstieg am Ziegenrücken

Ausrüstung: Teleskopstöcke

Wanderkarte: Riesengebirge Krkonoše 1 : 50 000, VKÚ Harmanec Nr. 22

Einkehrmöglichkeiten: Planurbaude (tägl. außer dienstags 10–15 Uhr), Geiergucke (tägl.), Wiesenbaude (tägl.)

Anfahrt: Bus von Berlin ZOB über Dresden Hbf. Bayerische Str. nach Špindlerův Mlýn (nur sonntags, ab Berlin 8 Uhr, ab Dresden 11.30 Uhr), Busse aus Prag, Trutnov und Harrachov über Vrchlabí nach Špindlerův Mlýn. **PKW-**Anreise über Hauptstraße Nr. 14 Liberec–Trutnov, ab Vrchlabí Nebenstraße Nr. 295. In Spindlerův Mlýn gibt es vier kostenpflichtige Parkplätze.

Sessellift zur Planur: 8–18 Uhr jede halbe Stunde ab Špindlerův Mlýn-Sv. Petr

Die Tour beginnt an der **Bergstation** des Sessellifts auf der Planur/**Přední Planina** im Ortsteil Spindlermühle-St. Peter/Špindlerův Mlýn-Svatý Petr. Die Liftfahrt dauert etwa 10 Minuten. Italienische Schatzsucher gaben dem Berg seinen Namen, abgeleitet vom Wort *pianura* = Fläche.

Ab der Bergstation halten wir uns an die blaue Querbalkenmarkierung in Richtung Planurbaude (Bouda na Pláni). 50 m von der Bergstation steht links ein Büfett. Wir gelangen alsbald auf eine große Waldlichtung. Links ist der markante Grat des Ziegenrückens (Kozí hřbety) zu sehen. Am Abzweig biegen wir nach links ab (grüne Markierung) und gehen direkt auf die Planurbaude/**Bouda na Pláni** zu (10 Min.). Hier trafen sich im Winter 1943/44 Wehrmachtsangehörige unter Leitung des Grafen von Stauffenberg, um das Hitler-Attentat vorzubereiten. Es wird vermutet, dass Stauffenberg hier auch die Bombensätze in Empfang genommen hat. Die Baude wurde inzwischen modernisiert und hat ihr Erscheinungsbild geändert. Hinter der Baude taucht der Weg kurze Zeit in Fichtenwald ein. Dann gehen wir durch große Kahlschläge. Junge Bäumchen recken ihre zarten Spitzen aber bereits nach oben. Ein Fahrweg wird überquert, der Brettersteg geleitet uns sicher über nasse Stellen. Nach Überqueren eines Bächleins führt der steinige Pfad sanft bergan. Am höchsten Punkt des Bergrückens bietet sich ein Ausblick zu den verstreut liegenden Friesbauden (Friesovy boudy). Der Pfad schlägt einen Bogen, bevor er in den Fichtenhochwald führt. Kurz darauf geht es bergan, geradewegs auf die Keilbauden **(Klínovy boudy)** zu, die verstreut an den Südhängen von Heuschober (Stoh) und Plattenberg (Zadní Planina) stehen. Der Keilbach (Klínový potok) hat sich wahrlich wie ein Keil in die Berge gegraben, ein Musterbeispiel für die Wassererosion und die Herausbildung eines Kerbtals. Die Keilbauden bekamen ihren Namen nicht von der Form des Bachtals, er leitet sich vom früheren Handwerk ab: Die Bewohner schliffen Eisenkeile für den Bergbau.

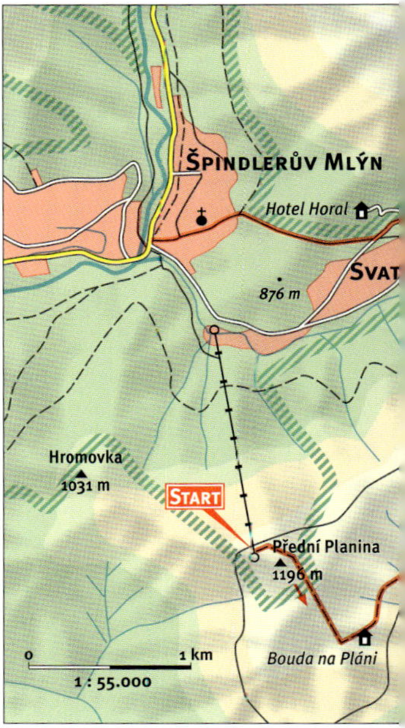

Die erste Baude überrascht mit einem knallgelben Dach, entpuppt sich von nahem aber nicht als Poststelle. Zwischen den Keilbauden steht links ein **Kruzifix** (45 Min.). Hinter dem letzten Haus auf der linken Seite können wir uns an einer Trinkwasserquelle erfrischen. Am Abzweig U Klínovych bud biegen wir links ab, gleich darauf ist die Weggabelung Klínové boudy erreicht. Hier stand die Keilbaude, die leider gleich zweimal hintereinander abbrannte. Heute erinnern nur noch Fundamentreste an das einst beliebte Haus. Hier sprudelt eine zweite Trinkwasserquelle. An dieser Weggabelung gehen wir rechts, an der nächsten biegen wir nach links auf die blaue Markierung ab, Richtung Výrovka und Luční bouda. Weiter oberhalb wird die Latschenkiefernzone erreicht. Am Abzweig Před Výrovkou biegen wir wiederum nach links ab, blaue und rote Markierung

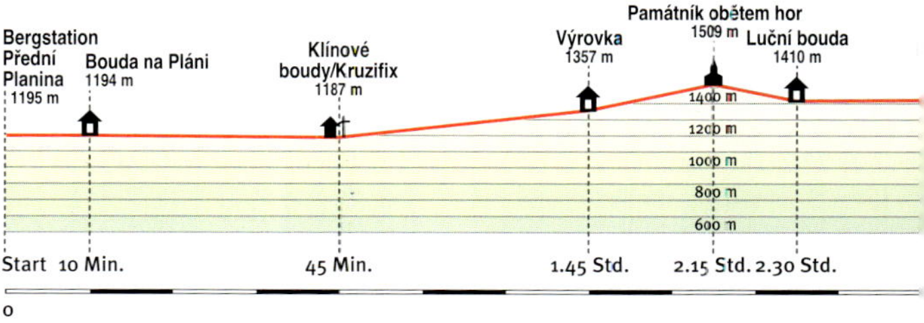

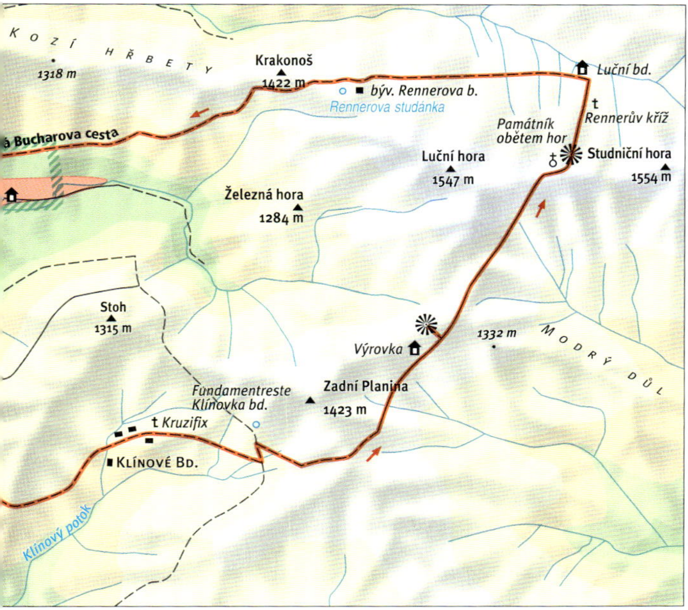

verlaufen ab hier gemeinsam. Das Berghotel Geiergucke (Výrovka) ist schon zu sehen, bei schönem Wetter ist rechts die Schneekoppe über dem flachen Gipfel des Brunnberges (Studniční hora) zu erkennen.

Die Baude Geiergucke/**Výrovka** (1.45 Std.) blickt auf eine bewegte Geschichte zurück (s. Tour 14, S. 75). Vom Wegweiser nahe der Výrovka, ab hier rot markiert, geht es weiter auf der Versorgungsstraße zur Wiesenbaude/Luční bouda. Links nahe dem Wegweiser lohnt der Abstecher zu einem Aussichtspunkt: Im Tal liegt St. Peter (Svatý Petr), rechts schaut man zum Ziegenrücken (Kozí hřbety), eine Tafel nennt alle wichtigen Höhen.

300 m oberhalb der Aussicht zweigt links der mit Holzstangen markierte Winterweg ab, im Sommer bleibt er gesperrt. Das schmale Asphaltband zwischen Hochwiesenberg (Luční hora) und Brunnberg (Studniční hora) führt scheinbar direkt in den Himmel. Schneefelder bleiben hier oft bis in den Frühsommer erhalten. Berühmt ist das winterliche Relikt »Karte der Republik« (Mapa republiky) am Südwesthang des Brunnberges: Das Schneefeld ähnelt in seinem Umriss der früheren Tschechoslowakei. An klaren Tagen ist es sogar von Königgrätz aus

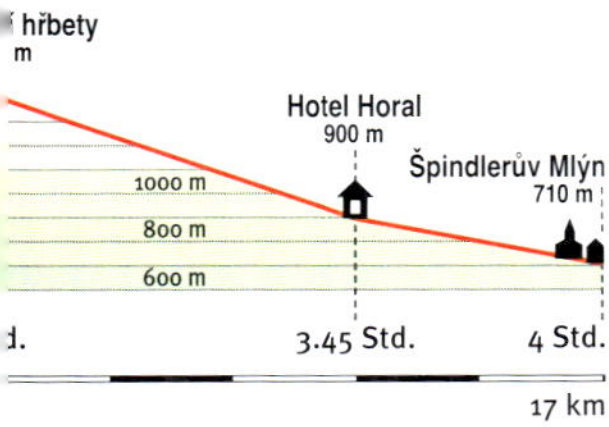

(Hradec Králové) zu erkennen, das noch 50 km entfernt liegt. Die Schneemächtigkeit erreicht hier bis zu 15 m, nirgends sonst im Gebirge türmt sich die weiße Pracht höher auf. Oft donnern Lawinen hinab in den Blaugrund (Modrý důl), eine deutliche Schneise zeichnet ihren Weg.

Am Sattel zwischen Hochwiesen- und Brunnberg (Luční sedlo) bietet sich eine herrliche Aussicht auf Wiesenbaude, Schneekoppe, Brunnberg, Weiße Wiese (Bílá louka) und Teufelswiese (Čertova louka) bis hin zum Hauptkamm. Hier fegt der stärkste und kälteste Nordwind im Riesengebirge: Bei 150 km/h fallen die Temperaturen im Winter schnell auf –30 °C. Die ausgeprägte Hochfläche ist eine Miniatur-Tundra in Mitteleuropa. Die Jahresdurchschnittstemperatur liegt zwischen 0 und 1 °C. Die Schneedecke bleibt in der Regel ein halbes Jahr erhalten, so wie in den subpolaren Landschaften Schwedens und Norwegens. Auf den Polygon- und Sandstreifenböden haben sich vor allem Borst- und Riedgras angesiedelt. Am heutigen Standort der Kapelle für die Opfer der Berge/**Památník obětem hor** (2.15 Std.) verunglückte 1798 Wenzel Renner beim Holztransport mit dem Hörnerschlitten tödlich. Die alte Kapelle wurde 1927 durch einen Neubau ersetzt. Sollte plötzlich ein Unwetter hereinbrechen, findet man hier ein wenig Schutz. Sanft geht es nun bergab, bei schönem Wetter ist rechts die klassische Schneekoppenansicht zu genießen. 200 m vor der Wiesenbaude steht rechts auf einem Granitsockel das schmiedeeiserne Rennerkreuz (Rennerův kříž). Man sollte es nicht für möglich halten: Hier erfror am 11. April 1868 während eines Schneesturms der Besitzer der Wiesenbaude, Jakob Renner. Der erfahrene Gebirgler verirrte sich vor seinem eigenen Haus!

Nach 2.30 Std. stehen wir an der ältesten und berühmtesten Herberge des Riesengebirges, der Wiesenbaude/**Luční bouda.** Davor zweigt der Alte Bucharweg (Stará Bucharova cesta) nach links ab, unsere Route ist weiterhin rot markiert. Im Rückblick sind Schneekoppe und Wiesenbaude in immer neuen überraschenden Perspektiven zu sehen. Am Nordwesthang des Hochwiesenberges stand einst die Rennerbaude. Heute erinnern daran nur noch Fundamentreste, eine Trinkwasserquelle (Rennerova studánka) sowie ein Rastplatz. Die Rennerbaude entstand zum Ende des 18. Jh. Hundert Jahre später konnten Touristen sie als ganzjährige Unterkunft nutzen, sehr zum Ärger der Konkurrenz in der nahen Wiesenbaude. Nach deutsch-tschechischem Geplänkel brannte sie 1938 nieder. Die tschechische Regierung musste Schadenersatz zahlen, zum Wiederaufbau kam es nicht mehr.

Von der Hochebene geht es leicht bergan zum Ziegenrücken/**Kozí hřbety** mit Wegweiser (3 Std.). Zum höchsten Punkt führt ein rot markierter Abzweig (ca. 200 m). Von hier genießt man eine fantastische Aussicht auf den scharfen Grat, der aus Glimmerschiefer, Gneis und Quarzit besteht. Dahinter erblicken wir einen Großteil des Westriesengebirges und dessen böhmisches Vorland sowie den Grenzkamm. Rechts schauen wir in das Weißwassertal (Důl Bíleho Labe) mit der Weißwassergrundbaude. Eine Hinweistafel verweist auf alle markanten Höhen. Der Grat des Ziegenrückens war früher ein beliebter Wanderweg; aus

Naturschutzgründen ist er jedoch seit Jahrzehnten gesperrt.

Der Abstieg an der Südflanke des Ziegenrückens erfordert Aufmerksamkeit und Trittsicherheit. Mal auf losem Geröll, dann wieder auf Stufen führt der Pfad abschnittsweise sehr steil bergab. Die dramatische Gebirgsszenerie lohnt einige Verschnaufpausen: Eindruck erwecken die gewaltige Eisenkoppe (Železná hora) direkt links gegenüber sowie die Nachbargipfel Heufuder (Stoh), Plattenberg (Zadní Planina) und Planur (Přední Planina).

Auch im Hochwald bleibt der Weg, der nun häufig über Treppen verläuft, sehr anstrengend. Nahe Sankt Peter (Svatý Petr) verbreitert sich der Pfad zum Fahrweg. Das **Hotel Horal** (3.45 Std.) liegt rechts oberhalb unseres Weges. Das riesige Bauwerk wirkt im Landschaftsbild sehr störend, die kleinen Pensionen im traditionellen Baustil dagegen wie Zwerge.

Am Abzweig Svatý Petr gehen wir auf Asphalt weiter geradeaus bergab. An der nächsten Wegkreuzung biegen wir nach links auf den schmalen Asphaltweg, der uns geradewegs ins Zentrum von **Špindlerův Mlýn** führt (4 Std.).

Wiesenbaude

Die Wiesenbaude (Luční bouda) hat ihr Gesicht bis in die 1940er Jahre ständig verändert. Anfang des 16. Jh. soll es hier nur einen bescheidenen Unterstand für Händler auf dem Schlesischen Weg gegeben haben. Böhmische Glaubensflüchtlinge errichten um 1625 eine Baude, die ständig erweitert wurde und als erste im Riesengebirge ganzjährig bewohnt war.

Am 2. Oktober 1938 züngelten Flammen aus der Wiesenbaude: Kurz zuvor war das Münchener Abkommen in Kraft getreten. Vor ihrem Abzug aus dem Sudetenland steckte die tschechische Armee das traditionsreiche Haus in Brand.

1941/42 wurde die Baude großzügig wieder aufgebaut und diente während des Zweiten Weltkrieges als Ausbildungszentrum für die Hitlerjugend und Sanitätsmädchen der Luftwaffe (»Blitzmädel«). Nazibonze und Luftwaffenchef Hermann Göring besaß in der Wiesenbaude ein Appartement. Der Plan eines Bauden-Nordflügels kam nicht mehr zur Ausführung, dennoch zählt die Wiesenbaude mit ihren 330 Betten zu den größten Gebirgshotels in Mitteleuropa. Historische Fotografien im Vorraum zur Gaststube zaubern ein scheinbares Idyll hervor: An der Wiesenbaude weideten Rinder- und Ziegenherden, das Heu wurde zu hohen Schobern aufgeschichtet. Der hier produzierte Kräuterkäse war überaus begehrt. Gebirgler trugen das Heu auf Kraxen oder in Tüchern zu Tale, im Winter erleichterten Hörnerschlitten den Transport. Eine harte Arbeit bei kargem Verdienst.

Aufgepasst: Am Treppenaufgang vor dem Imbiss hängt eine tschechischsprachige Speisekarte. Nur diese ist gültig! Im Gastraum erhalten Deutsche auch auf Nachfrage keine Speisekarte *(jídelní lístek)* ausgehändigt, und man verlangt von ihnen abenteuerliche Fantasiepreise. Deshalb unbedingt auf den Preisen der Speisekarte im Treppenaufgang bestehen! Nur massenhafter Widerspruch ändert die unredliche Praxis vielleicht in der Zukunft.

Tour 11

Immer geradeaus

Von Spindlermühle zum Heidelberg

Abseits der großen Touristenströme führt diese Tour durch stille Wälder rechts der Elbe. Abschnittsweise eröffnen sich prächtige Ausblicke, besonders vom Heidelberg: Er gilt als einer der lohnendsten Aussichtspunkte in Böhmen überhaupt.

DIE WANDERUNG IN KÜRZE

+ Anspruch

3.15 Std. Gehzeit

13 km Länge

Charakter: Streckenwanderung mit leichten An- und Abstiegen

Wanderkarte: Riesengebirge Krkonoše 1 : 50 000, VKÚ Harmanec Nr. 22

Einkehrmöglichkeiten: Krausebauden, Kiosk Rovinka, Imbiss auf dem Heidelberg

Anfahrt: Bus von Berlin ZOB über Dresden Hbf. Bayerische Str. nach Špindlerův Mlýn (nur sonntags, ab Berlin 8 Uhr, ab Dresden 11.30 Uhr), Busse aus Prag, Trutnov und Harrachov über Vrchlabí nach Špindlerův Mlýn. **PKW-**Anreise über Hauptstraße Nr. 14 Liberec–Trutnov, ab Vrchlabí Nebenstraße Nr. 295. In Spindlerův Mlýn gibt es vier kostenpflichtige Parkplätze.

Rückfahrt: Sessellift vom Heidelberg nach Hackelsdorf (Herlíkovice): Di–So 9–17 Uhr, jede Stunde, nur in der Saison, Tel. (00420) 0428/421474. Bus von Vrchlabí über Herlíkovice nach Špindlerův Mlýn, Haltestelle nahe der Sessellift-Talstation, Fahrzeit: 15 Min., Fahrplaninfos: www.bus-vlak.cz

Aussichtsturm auf dem Heidelberg: 10–16 Uhr

Vom zentralen Wegweiser in Spindlermühle/**Špindlerův Mlýn** gehen wir auf der Hauptstraße Richtung Vrchlabí ca. 1 km, vorbei an Busbahnhof, Parkplatz und Tankstelle. Wir folgen den gelben Markierungsbalken (in Wanderkarten grün!). Nach der Brücke biegen wir gegenüber dem Wasserwerk nach rechts auf einen Schotterweg ab, der im Mischwald leicht bergan führt. Am ersten Abzweig halten wir uns links, an der nachfolgenden Gabelung ebenso. Der Weg Richtung Benecko ist jetzt grün markiert. Leicht bergab gehend, genießt man einen schönen Blick auf das Elbtal und die Elbe-Talsperre. Sie wurde von 1910 bis 1914 errichtet, nachdem 1897 ein Hochwasser verheerende Schäden angerichtet hatte. Idyllisch stehen die verstreuten Krausebauden (Labská) am Hang. Rechts am Horizont taucht bereits der Heidelberg auf. Am Weg steht ein hölzerner Glockenturm, wenig später bestaunen wir an einer

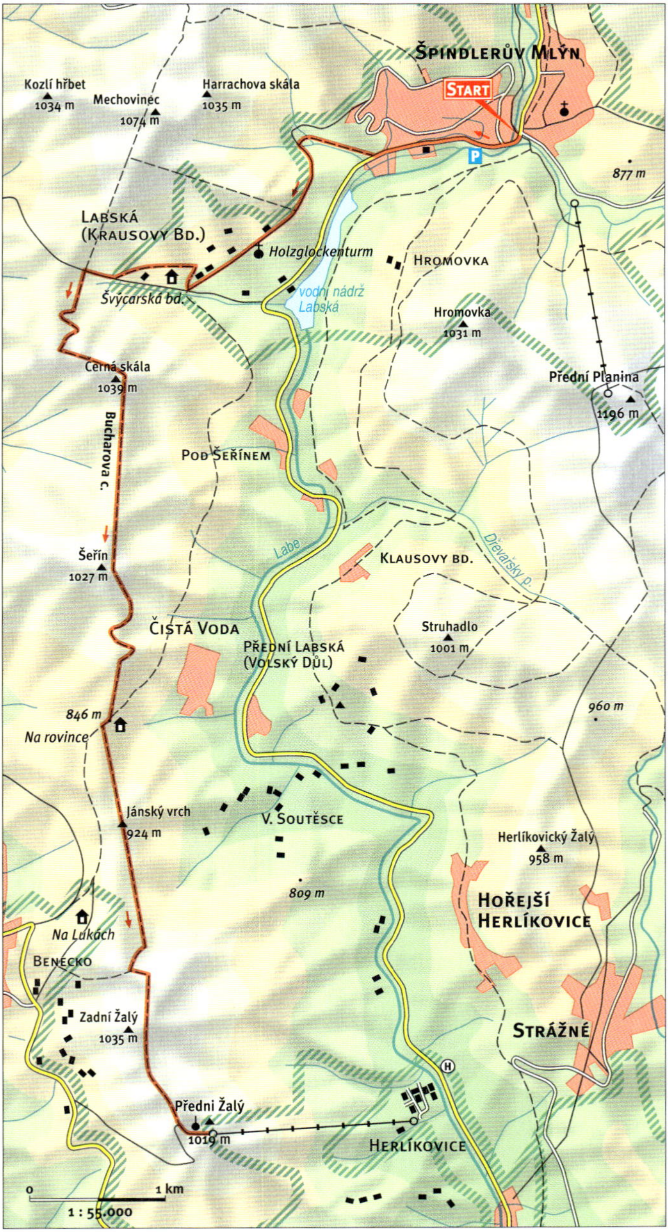

Špindlerův Mlýn
Start
Kozlí hřbet
1034 m
Mechovinec
1074 m
Harrachova skála
1035 m
877 m
Labská (Krausovy Bd.)
Holzglockenturm
Hromovka
Švýcarská bd.
vodní nádrž Labská
Hromovka
1031 m
Černá skála
1039 m
Přední Planina
1196 m
Bucharova c.
Pod Šeřínem
Labe
Dřevařský p.
Klausovy bd.
Šeřín
1027 m
Čistá Voda
Struhadlo
1001 m
Přední Labská (Volský Důl)
846 m
Na rovince
960 m
Jánský vrch
924 m
V. Soutěsce
Herlíkovický Žalý
958 m
809 m
Hořejší Herlíkovice
Na Lukách
Benecko
Zadní Žalý
1035 m
Strážné
Předni Žalý
1019 m
Herlíkovice
0
1 km
1 : 55.000

Bei Benetzko

Hauswand eine angenagelte Sammlung abgebrochener Skispitzen. An der nächsten Gabelung steht ein Pferdestall, hier halten wir uns rechts bergauf und orientieren uns nun an der blauen Markierung, vorbei an der Baude Fišerka. An der Wegkreuzung 100 m weiter bergan biegen wir links ab und gehen an der Schweizer Baude (Švýcarská bouda) vorbei. Der Weg wandelt sich im Mischwald zum steinigen Pfad. Wir queren einen Fahrweg und haben kurz darauf die **Kreuzung** mit dem rot markierten Bucharweg (1.15 Std.) erreicht. Hier biegen wir links ab, Richtung Černá skála.

Schon im 19. Jh. war der Oberlehrer Jan Buchar von den Naturschönheiten seiner Heimat begeistert; er propagierte das Bergwandern und den Skisport. Ihm zu Ehren nannte man diesen Weg später Bucharova cesta. Bis auf einige kleine Kehren und Schlenker führt er uns lange Abschnitte schnurgerade auf den Heidelberg. Über den Kamm des Dreisteins (Černá skála) gehen wir zwischen kniehohen Blaubeerbüschen hindurch. Links erblicken wir durch den Fichtenwald die Bergstation des Sessellifts auf dem Schüsselberg (Medvědín). Die Aussicht am **Černá skála** (1.30 Std.) ist leider zugewachsen. Vor den Felsen wendet sich der Pfad nach rechts und führt am Rand einer Waldlichtung leicht bergab. Unter den angepflanzten jungen Bäumchen fallen Blaufichten auf. Ab dem Sattel zwischen Drei- und Finsterstein (Šeřín) bietet sich rückblickend eine umfassende Aussicht auf das mittlere Riesengebirge. Besonders schön wirkt der Anblick der Kesselkoppe (Kotel) mit ihren zwei Gruben. Auf dem **Šeřín** (2 Std.) können wir einen Aussichtsfelsen erklimmen. Der schmale Pfad führt

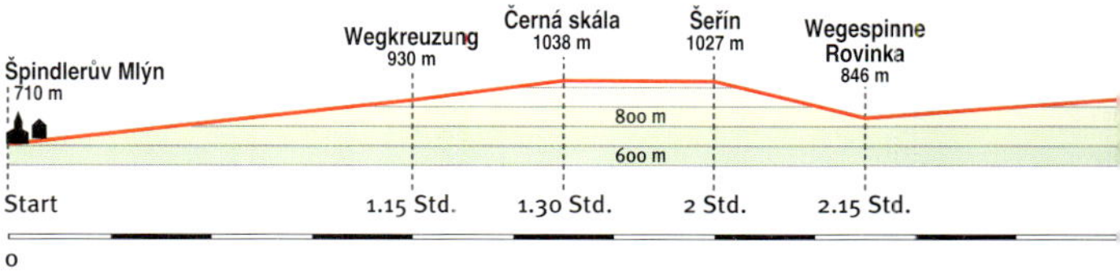

dann weiter durch Mischwald. An der **Wegespinne Rovinka** (2.15 Std.) befindet sich ein kleiner Imbiss. Wir gehen weiter geradeaus (rote Markierung) auf den Johannesberg (Janský vrch), dann leicht bergab und an der Gabelung links. An der Kreuzung Pod Zadním Žalým gehen wir geradeaus, bis zum Tagesziel haben wir noch 2 km Aufstieg zu bewältigen. Am Wege-T mündet unser Pfad in den Fahrweg Benecko–Přední Žalý ein, wir halten uns links, 150 m weiter wendet sich der Fahrweg nach rechts. Nach Westen hin haben wir eine schöne Aussicht über Benetzko (Benecko) und auf das Bergdorf Křížlice mit malerischen Baumreihen. Benecko gilt als der sonnenscheinreichste Ort auf der böhmischen Seite des Riesengebirges. An der Weggabelung unterhalb des Heidelberggipfels halten wir uns links und haben den Heidelberg/**Přední Žalý** erreicht (3.15 Std.).

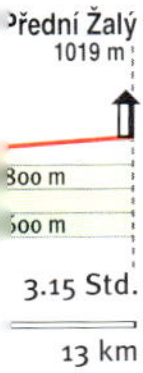

Der steinerne Aussichtsturm ist 18 m hoch; von der Aussichtsplattform überblickt man beinah das ganze böhmische Riesengebirge und sein Vorland.

Tour 12

Riesengebirgsbär, frisch gezapft

Von Spindlermühle nach Oberhohenelbe

Ein Weg entlang der linken Hänge des Elbtals. In mehreren Streusiedlungen sind schöne alte Blockhäuser zu entdecken, unterwegs bieten sich Aussichten bis zum Riesengebirgshauptkamm, und am Ende mundet der Riesengebirgsbär, ein frisches böhmisches Bier.

DIE WANDERUNG IN KÜRZE

+ Anspruch

3 Std. Gehzeit

13 km Länge

Charakter: Streckenwanderung mit leichten An- und Abstiegen

Markierung: blau

Wanderkarte: Riesengebirge Krkonoše 1 : 50 000, VKÚ Harmanec Nr. 22

Einkehrmöglichkeiten: Baude Hromovka, Chata Horalka, Horský Domov in Herlíkovice, Minibrauerei Pivovarská bašta in Hořejší Vrchlabí (tägl. 8–23 Uhr)

Anfahrt: Bus von Berlin ZOB über Dresden Hbf. Bayerische Str. nach Špindlerův Mlýn (nur sonntags, ab Berlin 8 Uhr, ab Dresden 11.30 Uhr), Busse aus Prag, Trutnov und Harrachov über Vrchlabí nach Špindlerův Mlýn. **PKW-**Anreise über Hauptstraße Nr. 14 Liberec–Trutnov, ab Vrchlabí Nebenstraße Nr. 295. In Spindlerův Mlýn gibt es vier kostenpflichtige Parkplätze.

Rückfahrt: Linienbusse von Vrchlabí über Hořejší Vrchlabí nach Špindlerův Mlýn, Fahrzeit: 20 Min., Fahrplaninfos: www.busvlak.cz

Vom zentralen Wegweiser in Spindlermühle/**Špindlerův Mlýn** folgen wir den blauen Markierungsbalken Richtung Hořejší Vrchlabí (Oberhohenelbe), vorbei an der Post und dem Hotel Lomnice. Nach 200 m biegen wir nach rechts über die Brücke ab, gleich dahinter geht es wieder nach rechts in den Hochwald. Am Abzweig U Tabulových bud queren wir die Skilifttrasse und steigen links den Hang hinauf. Die Bauden **Hromovka** (30 Min.) und Chata Horalka liegen lieblich auf einer Waldlichtung mit Ausblick auf die Krausebauden (Labská) am rechten Elbhang, auf Schüsselberg (Medvědín), Korkonosch (Krkonoš) und Kesselkoppe (Kotel).

Vor der Chata Horalka können wir uns links an einer Quelle laben. Hinter der Horalka steigen wir links am Waldrand den Hang empor, treffen auf einen Fahrweg und halten uns hier rechts. In der Fahrwegkurve gehen wir geradeaus in den Wald hinein. Ein Holzgitter versperrt hier für Motorisierte die Weiterfahrt. Die nächsten 500 m erschweren Pfützen und Rinnsale das Wandern, danach wird der Weg wieder besser. Nach etwa 45 Min. wandern wir leicht berg-

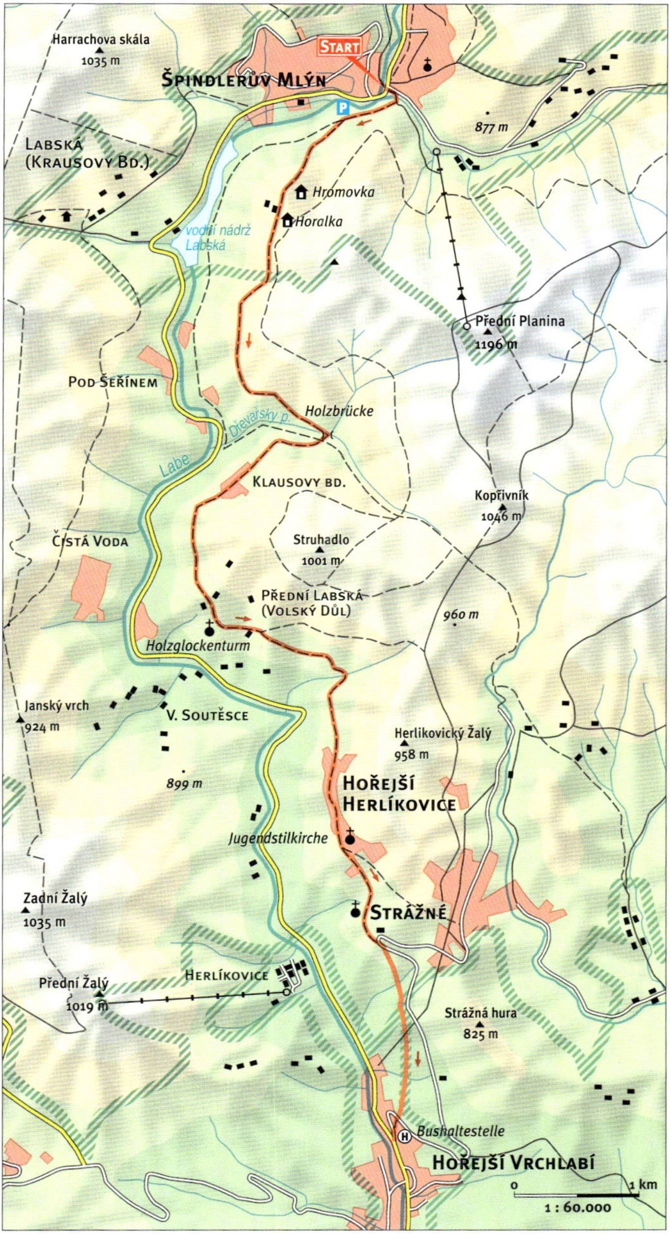

Harrachova skála
1035 m
Start
Špindlerův Mlýn
P
877 m
Labská
(Krausovy Bd.)
Hromovka
Horalka
vodní nádrž
Labská
Přední Planina
1196 m
Pod Šeřínem
Holzbrücke
Dřevařský p.
Labe
Klausovy bd.
Kopřivník
1046 m
Čistá Voda
Struhadlo
1001 m
Přední Labská
(Volský Důl)
960 m
Holzglockenturm
Janský vrch
924 m
V. Soutěsce
Herlikovický Žalý
958 m
899 m
Hořejší
Herlíkovice
Jugendstilkirche
Zadní Žalý
1035 m
Strážné
Herlíkovice
Přední Žalý
1019 m
Strážná hura
825 m
H
Bushaltestelle
Hořejší Vrchlabí
0
1 km
1 : 60.000

Riesengebirgsblockhaus, gut bewacht

ab. An der Umzäunung mit Tor und Hochsitz nehmen wir rechts den schmalen Pfad bergab, der uns zu einer **Holzbrücke** über den Kläuselbach (Dřevařský potok) führt (1 Std.). Mit Hilfe von künstlichen Staubecken, die man früher Klausen nannte, wurde hier einst Holz zu Tale geschwemmt. Hinter dem Bach queren wir einen Fahrweg und steigen geradeaus den Hang hinauf zu einem höhergelegenen Fahrweg. Hier halten wir uns rechts, beim Rückblick schauen wir zum Planurmassiv (Přední Planina).

Bald kommen wir an einigen schönen Riesengebirgsblockhäusern vorbei, zuerst den Kläuselbauden (Klausovy boudy), später in der Ortschaft Ochsengraben (Volský

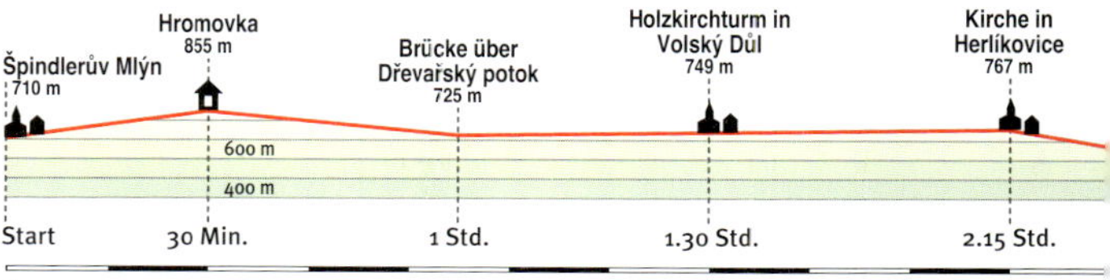

Důl). Hier wurde ein schöner alter **Holzglockenturm** rekonstruiert (1.30 Std.). Die ursprüngliche Totenkammer daneben blieb nicht erhalten, dafür wurde an gleicher Stelle eine historische Scheune in Blockbauweise aus Spindlermühle umgesetzt. Davor stehen Bank und Tisch, eine willkommene Rastmöglichkeit mit herrlichem Ausblick auf die Streusiedlung. Wir gehen weiter geradeaus, folgen der blauen Markierung. Die Brücke über den Bach Krahulčí potok markiert die Katastergrenze zwischen Spindlermühle und Hohenelbe. Links begrenzt eine sorgfältig aufgeschichtete Natursteinmauer unseren Weg. Auch in Hackelsdorf (Herlíkovice) liegen die Häuser weit auseinander. Ab dem 16. Jh. wurde in der Gegend Magnetit gefördert, die erhaltenen Stollen sind heute geschützte Winterquartiere für Fledermäuse. An der Weggabelung gefällt eine **Jugendstilkirche** (2.15 Std.), wir halten uns rechts auf dem Asphalt. An der kleinen Kapelle wendet sich die Straße nach links. Wir gehen geradeaus den Pfad hinunter und folgen der Straße parallel unter grünem Fichtennadeldach. Wenig später treffen wir auf eine Gabelung, oben links ist eine Bushaltestelle zu sehen. Wir gehen rechts hinunter, treffen am Wegweiser Pod Strážným auf die rote Markierung und gehen zwischen Häusern und Gärtchen weiter bergab. Rechts eröffnet sich ein schönes Panorama auf den Heidelberg (Přední Žalý) mit malerisch verstreuten Laubbäumen. Wir queren die Straße und folgen dem Pfad, der die Straßenkehre abkürzt. Unterhalb der Straßengabelung, an der wir auf die Hauptstraße Vrchlabí–Špindlerův Mlýn gelangen, befindet sich auf der linken Seite 200 m unterhalb die Bushaltestelle von **Hořejší Vrchlabí** (3 Std.).

Bis der Bus zurück nach Spindlermühle kommt, können wir uns einem »Riesengebirgsbären« (Krkonošský medvěd) widmen: Dieses Pils wird 200 m weiter unterhalb auf der rechten Straßenseite in der Minibrauerei Pivovarská bašta ausgeschenkt.

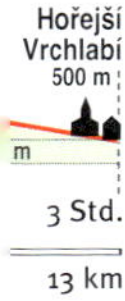

Tour 13

Der Dom des Riesengebirges

Von Petzer durch den Riesengrund auf die Schneekoppe

Ein gewaltiger Gletscher hat einst den Riesengrund modelliert: Nach Starkregen und im Winter sind die Naturgewalten hier noch immer unberechenbar. Ein Aufstieg durch das wilde Tal zur Schneekoppe zählt zu den schönsten Erlebnissen im Riesengebirge.

DIE WANDERUNG IN KÜRZE

++ Anspruch

2.15 Std. Gehzeit

8 km Länge

Charakter: Streckenwanderung, langer und steiler Aufstieg von der Kapelle im Riesengrund bis zur Schneekoppe

Markierung: Von Petzer (Pec pod Sněžkou) bis zum Schlesierhaus blaue, weiter zum Gipfel der Schneekoppe rote Querbalken

Wanderkarte: Riesengebirge Krkonoše 1 : 50 000, VKÚ Harmanec Nr. 22

Einkehrmöglichkeiten: Bouda v Obřím dole, Bouda pod Sněžkou, Schlesierhaus (Dom Śląski)

Anfahrt: Bus: Linienbusse aus Trutnov und Špindlerův Mlýn, Fernlinienbusse aus Prag und Český Krumlov über České Budějovice. **PKW-**Anreise über die Hauptstraße Liberec–Trutnov Nr. 14, ab Mladé Buky Nebenstraße Nr. 296, am Abzweig zu den Grenzbauden/Pomezní boudy auf Nr. 296 A abbiegen.

Aus Polen von Jelenia Góra auf der Hauptstraße Nr. 367 nach Kowary, dann Richtung Kamienna Góra/Wałbrzych. Auf dem Schmiedeberger Pass/Rozdroże Kowarskie auf die Nebenstraße Nr. 368 zu den Grenzbauden/Przełęcz Okraj abbiegen (Grenzübergang nach Böhmen). Auf Nr. 296 und 296 A nach Pec p. S. In Pec p. S. gibt es zwei kostenpflichtige Parkplätze.

Rückfahrt: Sessellift von der Schneekoppe nach Pec p. S. mit Umsteigestation am Rosenberg/Růžová hora: tägl. 8–19 Uhr. Gesamtfahrzeit: 30 Min., bei starkem Wind kein Betrieb.

Ausstellung im Nationalparkinfozentrum: Di–So 9–12 und 13–16.30 Uhr

Vom Wegweiser in **Pec pod Sněžkou/Gasthaus Hospoda Na Peci** folgen wir der blau markierten Route Richtung Koppenplan (sedlo nad Obřím dolem), vorbei am Hotel Hořec und der Kapelle der Jungfrau Maria. In der kleinen Aupatalsperre sind viele Forellen zu beobachten.

Auf der kaum befahrenen Straße gehen wir an der Aupa entlang flussaufwärts bis zum Gasthaus Lesovna, wo die Straße endet. Wir behalten die Richtung bei und nehmen an der Gabelung den Weg halblinks. Halbrechts führt der Weg zur Talstation des Sessellifts auf die Schneekoppe. Vorbei am Nationalparkinformationszentrum mit ökologischer Dauerausstellung (Naturschönheiten, Geschichte und Gegenwart) und der Baude Betyna folgen wir dem Asphaltweg am linken Ufer der Aupa leicht bergan. Am Zusammenfluss von Blaubach (Modrý potok) und Aupa (Úpa) befindet sich ein schöner Rastplatz. Freiluftplätze bietet auch das Gasthaus Zum Riesengrund (Bouda v Obřím dole) direkt am Weg. Über den Waldwiesen eröffnen sich herrliche Ausblicke, bei guter Sicht ist bereits die Bergstation des Sessellifts auf der Schneekoppe zu erkennen. Vor der nächsten Brücke zweigt links ein Pfad ab: Der etwa 50 m entfernte Gedenkstein erinnert an Dr. Karel Kavina (1890–1948), der ein berühmter Botaniker des Riesengebirges war. Weiter über die Brücke, haben wir wenig später die Großmannbaude (Bouda pod Sněžkou) und die **Riesengrund-Gedenkkapelle** (45 Min.) mit Sitzbänken erreicht. Die Kapelle steht auf einem alten Talsperrendamm. Die sogenannten Klausen wurden im 16. und 17. Jh. angelegt, um hier Wasser zum Flößen der Baumstämme zu sammeln. Holz aus dem Riesengrund schwamm auf Aupa und Elbe bis zu den 150 km entfernten Silbererzgruben in Kuttenberg (Kutná Hora).

In der Nacht vom 29. zum 30. Juli 1897 kam es im Riesengrund zu einer Katastrophe: Nachdem es 14 Tage hintereinander geregnet hatte,

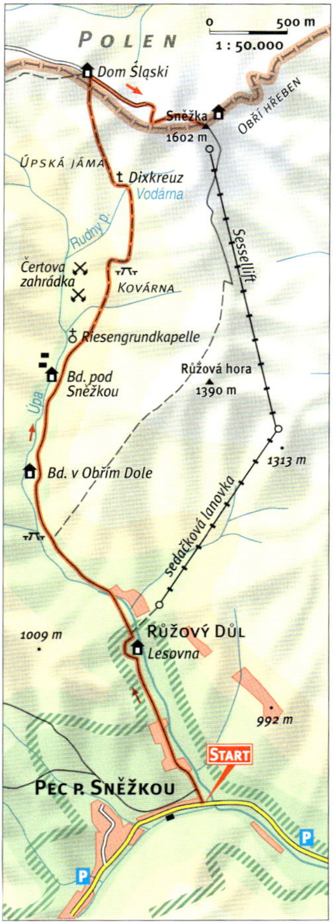

lösten sich gewaltige Erdlawinen, die sieben Bewohnern in zwei Häusern den Tod brachten. 1962 fegte eine Schneelawine die Kapelle hinweg. In der Gedenkkapelle informiert eine Foto-Dokumentation mit deutschen Texten über die tragischen Ereignisse im Riesengrund und am Unterlauf der Aupa.

Wir queren eine Waldlichtung und können drei markante Lawinenbahnen am gegenüber liegenden Brunnberg (Studniční hora) erkennen. Dort befindet sich auch das Teufelsgärtchen (Čertova zahrádka), eine botanische Schatzkammer. Das kleine Plateau der Bergschmiede/**Kovárna** (1 Std.) erinnert an eine Wirkungsstätte der Bergleute, die ab dem Mittelalter im Riesengrund nach Erzen, Gold und Edelsteinen suchten. Sie trieben den nahen Stollen bis in eine Tiefe von 140 Metern. Später stand hier ein Gasthaus, heute findet man einen Rastplatz. Der Pfad macht an dieser Stelle eine Kehre, die Tür zum Stolleneingang ist nicht zu verfehlen. Es geht nun auf steinigem Untergrund steil bergauf. Vom Pfad am südwestlichen Hang der Schneekoppe bieten sich immer wieder herrliche Blicke in den Gletscherkar der Aupagrube (Úpská jáma). Der Gletscher war bis zu 100 m mächtig und knapp 5 km lang.

1912 wurde das Wasserwerk/**Vodárna** für die Schneekoppe (1.15 Std.) errichtet. Bis zu dieser Zeit mussten Koppenträger das Wasser zum Gipfel schleppen. Das vom Hang fließende Wasser trieb eine Pelton-Turbine an, die einen Teil des Wassers über einen Höhenunterschied von fast 400 m zu den Bauden auf der Schneekoppe drückte. Zu jener Zeit war dies der höchste Wasserauftrieb in Europa.

Wir queren den Kiesgraben (Rudný potok) über eine kleine Brücke und stehen etwa 200 m weiter am unscheinbaren Dixkreuz (Dixův kříž): Im April 1900 tötete hier eine Schneelawine den Wirt der Riesenbaude, Stefan Dix. Etwas weiter oberhalb bietet sich ein imposanter Blick über den Aupagrund zum Aupafall (Horní Úpský vodopád) und zu Rübezahls Lustgärtchen (Krakonošova zahrádka), einem der artenreichsten Pflanzenstandorte im böhmischen Riesengebirge. Noch ein kurzer Aufstieg, dann haben wir den Koppenplan (sedlo na Obřím dolem) erreicht.

Nur Granitsteine markieren am Wegesrand den einstigen Standort der Riesenbaude aus dem Jahre 1843. Anfang der 1970er Jahre fiel die Baude wegen mangelnder Instandhaltung zusammen. Das Schlesierhaus/**Dom Śląski** (1.45 Std.) gegenüber steht bereits auf polnischem Staatsgebiet. Ein Fußgängergrenzübergang ermöglicht eine problemlose Einkehr.

Vom Schlesierhaus führt anfangs eine Pflasterstraße in Richtung Schneekoppengipfel. Etwa 150 m weiter teilt sich der Weg in den bequemen Jubiläumsweg und den steinigen Zickzackweg. Die meisten Gipfelstürmer wählen wie wir den anspruchsvolleren Zickzackweg, rot markiert und mit Stahlketten gesichert. Mehrere Aussichtskanzeln gewähren Ausblicke in den Riesen-

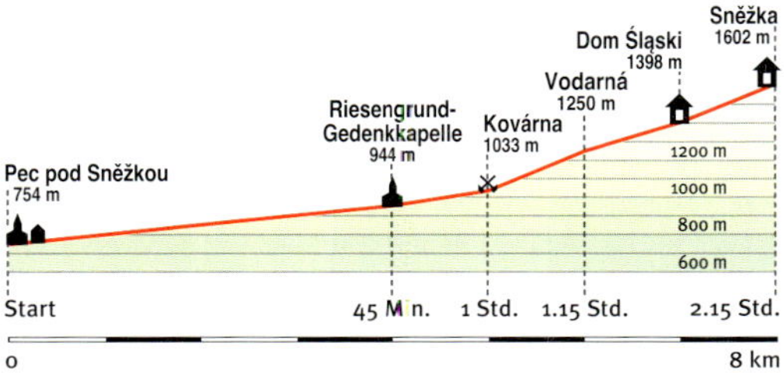

grund und auf die Hochfläche rund um die Wiesenbaude (Luční bouda). Kurz vor dem Gipfel erinnert ein Gedenkkreuz an einen tragischen Unfall: Im Januar 1976 kamen zwei Männer des böhmischen Bergrettungsdienstes bei der Hilfsaktion für einen Verunglückten selbst ums Leben. Die Schneekoppe/**Sněžka** (2.15 Std.) zeigt sich nur selten im strahlenden Sonnenschein. Wer einen solchen Tag erwischt, kann sich glücklich schätzen.In der Polnischen Baude befindet sich ein Observatorium mit zugänglicher Aussichtsterrasse (tägl. 10–18 Uhr), höher geht es zu Fuß nun wirklich nicht mehr. Zur Bergstation des Sessellifts steigen wir einige Stufen auf der Südseite des Gipfels hinab.

Im Riesengrund

Tour 14

Wo Zöllner gründlich guckten

Von Petzer zur Geiergucke

Vor der Tür des Gebirgshotels Geiergucke erheben sich der zweit- und der dritthöchste Berg des Riesengebirges: Brunn- und Hochwiesenberg. Auf unserer Tour sind lukullische Abstecher möglich: Außer der Geiergucke stehen mehrere einladende Bauden am Weg.

DIE WANDERUNG IN KÜRZE

+
Anspruch

3.45 Std.
Gehzeit

16 km
Länge

Charakter: Rundwanderung auf meist bequemen Wegen, langer Aufstieg von Petzer bis zur Geiergucke auf Asphalt, langer Abstieg vom Fuchsberg bis nach Petzer

Wanderkarten: Riesengebirge Krkonoše 1 : 50 000, VKÚ Harmanec Nr. 22

Einkehrmöglichkeiten: Richterbauden, Berghof/Horský dvůr (tägl. ab 10 Uhr bis Sonnenuntergang), Geiergucke, Chalupa na Rozcestí (tägl. außer Freitag 10–16 Uhr), Lyžařská bouda (10–23 Uhr), Waldbaude

Anfahrt: Bus: Linienbusse aus Trutnov und Špindlerův Mlýn, Fernlinienbusse aus Prag und Český Krumlov über České Budějovice. **PKW-**Anreise über die Hauptstraße Liberec–Trutnov Nr. 14, ab Mladé Buky Nebenstraße Nr. 296, am Abzweig zu den Grenzbauden/Pomezní boudy auf Nr. 296 A. Aus Polen von Jelenia Góra auf der Hauptstraße Nr. 367 nach Kowary, dann Richtung Kamienna Góra/Wałbrzych. Auf dem Schmiedeberger Pass/Rozdroże Kowarskie auf die Nebenstraße Nr. 368 zu den Grenzbauden/Przełęcz Okraj abbiegen (Grenzübergang nach Böhmen), auf Nr. 296 und 296 A nach Pec p. S. In Pec p. S. gibt es zwei kostenpflichtige Parkplätze.

Vom Wegweiser in **Pec pod Sněžkou/Gasthaus Hospoda Na Peci** folgen wir der roten Markierung zu den Richterbauden (Richterovy boudy) ein gutes Stück auf der Straße. Etwa einen Kilometer steigen wir sanft bergan durch die Gebirgsgemeinde mit ihren auf Bergwiesen verstreuten Hotels, Bauden, Pensionen und Wohnhäusern, dann ist der Fichtenwald erreicht. Wenig später steht auf der rechten Seite ein Marienbildnis von 1834, links die Baude Amor auf einer Lichtung. Nun kommen wir durch den Zehgrund (Zelený důl), dessen tschechischer Name (zelený = grün) das Bachtal sehr treffend bezeichnet. Nach dem Überqueren das Richterwassers (Zelený potok) erreichen wir bald den Ab-

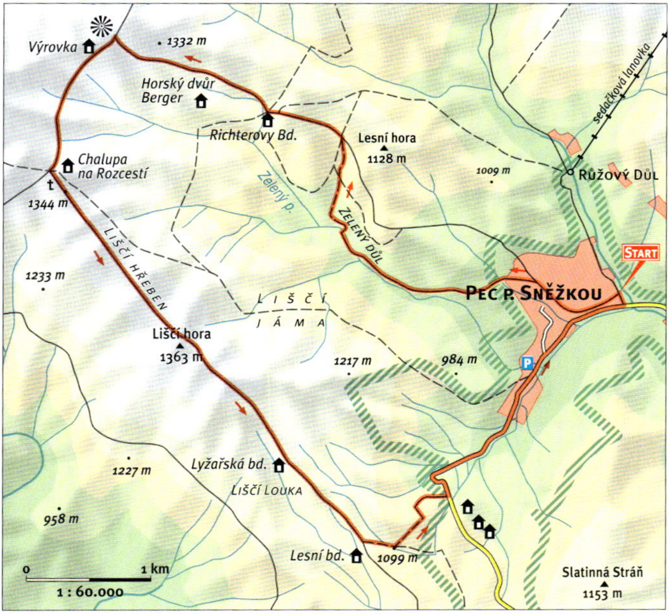

zweig Zelený důl, wo wir nach rechts auf den Waldpfad abbiegen und weiter den Hang hinaufsteigen. Links von uns plätschert das Richterwasser, dessen Ufer früher einmal mit Granitsteinen sorgfältig befestigt war. Jetzt reißt regelmäßiges Hochwasser den einen oder anderen bemoosten Stein ins Bachbett. Wurzeln und Steine erschweren abschnittsweise den steilen Aufstieg. Wir kreuzen einen breiten Fahrweg, verbleiben weiter auf dem schmalen Pfad. Weiter oben trifft dieser auf die Versorgungsstraße Petzer–Richterbauden–Geiergucke–Wiesenbaude, der wir sanft bergan folgen. Bald sind auf der großen Lichtung die Richterbauden/**Richterovy boudy** zu sehen, weit entfernt von Lärm und Hektik der modernen Zeit (1.15 Std.). Ab hier ist der Weg grün markiert. Der Berghof (Horský dvůr) ist die höchstgelegene Baude dieser kleinen Streusiedlung und liegt etwa 400 m abseits der Versorgungsstraße: Hier bietet Familie Berger Unterkunft in einer urigen Riesengebirgsbaude. Die Vorfahren waren Tiroler Holzfäller, die im 18. Jh. in die nordostböhmischen Berge kamen. Vor allem in der Dämmerung lässt sich das Riesengebirge hier von seiner romantischen Seite erleben, Schneekoppenblick inklusive.

Auf der schmalen Straße geht es stetig bergan, Latschenkiefern am Wegesrand zeigen an, dass wir nun die alpine Waldgrenze überschreiten, die im Riesengebirge zwischen 1200 und 1350 m ü. NN liegt. Links erhebt sich der langgestreckte Fuchsberg (Liščí hora), nahe vom Gipfel werden wir später – vorausgesetzt das Wetter spielt mit – eine wunderbare Aussicht genießen. Vor

Wegweiser bei der Geiergucke

dem Gebirgshotel Geiergucke (Výrovka) stehen wir an einer wichtigen Wegkreuzung: Hier trifft der Schlesische Weg, früher eine wichtige Handels- und Schmugglerroute zwischen Böhmen und Schlesien, auf den Weg von Petzer (Pec pod Sněžkou) nach Sankt Peter (Svatý Petr). Der Wegweiser zeigt zusätzlich mehrere rotgestrichene Symbole aus Blech: Ein umgekehrtes Dreieck weist in Richtung Wiesenbaude, ein Pilz nach Petzer. Es sind die sogenannten stummen Wegzeichen, die ein Zurechtfinden auch bei schlechtem Wetter erleichtern sollen, oder wenn Eis und Schnee andere Wegweiser unkenntlich machen. Erfunden hat sie der Maler K. V. Muttich (1873–1924), ihre jeweilige Bedeutung lässt sich mit einem Blick auf die Wanderkarte entschlüsseln.

Wir biegen nach links auf die rote Markierung ab und haben mit wenigen Schritten die **Výrovka** (1.30 Std.) erreicht.

Hinter der Výrovka endet der Asphalt, der rot markierte, fast ebene Schotterweg führt durch ausgedehnte Latschenkiefernbestände. An der Wegespinne ist gleichzeitig die **Chalupa na Rozcestí** (1.45 Std.) erreicht, eine gemütliche Einkehrmöglichkeit. Nach links geht es zur Fuchswiese (Liščí louka), weiter rot markiert. Aufmerksamkeit ist geboten, denn ein zweiter rot markierter Weg führt rechts nach Vrchlabí! Zum Fuchsberg laufen wir auf Schotterweg sanft bergan. Der eigentliche Fuchsberggipfel/**Liščí hora** (2.15 Std.) ist unscheinbar und ermöglicht keine Aussicht. Doch 150 m unterhalb kann man auf der linken Seite versäumtes nachholen. Besonders reizvoll ist der Blick über das Tal von Petzer mit der imposanten Schneekoppe im Hintergrund, die wichtigsten Höhen werden auf einer Hinweistafel benannt. Beim Abstieg gelangen wir 10 Min. später auf die große Fuchswiese (Liščí louka). Die bei Sommerfrischlern und Wintersportlern gleichermaßen beliebte Fuchsbaude wurde 1948 ein Raub der Flammen. An ihrer Stelle wurde später die Skibaude (Lyžařská bou-

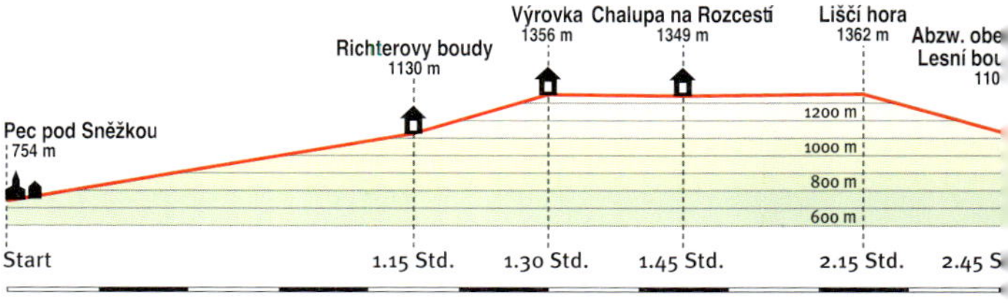

da) errichtet. Ab der Skibaude laufen wir auf Asphalt bergab bis nahe der Waldbaude (Lesní bouda). Wer noch gut im Zeitplan liegt, sollte sich einen kurzen Abstecher in diese urige Baude gönnen. Hier saßen schon vor etwa 300 Jahren Waldarbeiter und Bergbauern um einen Kachelofen herum.

Vom Abzweig oberhalb der **Lesní bouda** (2.45 Std.) halten wir uns links und folgen nun der gelben Markierung auf einem Schotterweg. Am Wege-T biegen wir wiederum links ab. Nach einer 180-Grad-Kurve bietet sich eine schöne Aussicht auf verstreut liegende Bauden am gegenüberliegenden Hang. Der Weg mündet in eine Straße: Wir biegen links ab und laufen durch Fichtenhochwald. Vorbei an Hotels und Pensionen erreichen wir, immer mit Hilfe gelber Markierungen, das Zentrum von **Pec pod Sněžkou** an der Aupabrücke (3.45 Std.).

Geiergucke

Bereits im 18. Jh. bauten sich die Gebirgler auf dem Sattel zwischen Hochwiesenberg (Luční hora) und Plattenberg (Zadní Planina) eine primitive Schutzhütte. Die weitreichende Aussicht lockte auch österreichische Finanzbeamte in die Berge: Weil sie wie die Geier nach Schmugglern Ausschau hielten, bekam die Hütte ihren trefflichen Namen. 1926 baute die Armee hier die tschechisch benannte Havelbaude und ein Blockhaus auf, die Mitte der 1940er Jahre abbrannten. Das moderne Gebirgshotel Výrovka wurde 1990 eröffnet. Warum uns über dem Treppenaufgang heute allerdings eine Eule statt eines Geiers begrüßt, bleibt das Geheimnis ihrer Auftraggeber. Im Vorraum des Restaurants sind historische Fotografien zu Spindlermühle, Petzer und zur Geiergucke ausgestellt. Im Restaurant kommen nach Wunsch die beliebten Blaubeerknödel auf den Tisch. Zusammen mit einer guten Tasse Kaffee wecken sie die Lebensgeister.

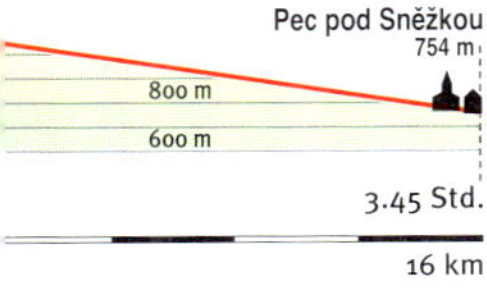

Latschenkiefern

Die zwergenhaften Kiefern werden auch als Legföhren, Knieholz oder Krummholzkiefern bezeichnet. Ihnen ist wahrscheinlich sogar der tschechische Name für das Riesengebirge zu verdanken: Krkonoše könnte aus dem veralteten Wort *krak* = Latschenkiefer und *noše* = tragen hergeleitet worden sein. Krkonoše bedeutet demnach das Gebirge, das Latschenkiefern trägt. Die hiesigen Bestände sind 100–150 Jahre alt, die Knieholz-Methusalems bringen es bis auf 300 Jahre. Allerdings ist das Zählen der Jahresringe nicht gerade leicht: Ein 200-jähriges Bäumchen hat mitunter nur einen Stammdurchmesser von wenigen Zentimetern! Die Bäume vermehren sich nicht nur durch Samen, sondern auch durch Zweige, die in den Boden wachsen. Die Latschenkiefern sind ein Markenzeichen der Alpen und anderer mitteleuropäischer Gebirge, hier im Riesengebirge fanden sie ihre nördlichste Verbreitung.

Eine Meerjungfrau im Gebirge

Von Petzer zur Buchtelbaude

Unter grünem Nadeldach führt der Pfad schnurstracks in luftige Höhen unterhalb der Schneekoppe. In der Bergbaude Rusalka kommen wieder leckere Buchteln nach sudetendeutschem Rezept auf den Tisch.

DIE WANDERUNG IN KÜRZE

+ Anspruch

3.30 Std. Gehzeit

15 km Länge

Charakter: Rundwanderung auf meist bequemen Wegen, steiler Anstieg von Petzer zur Leischnerbaude

Wanderkarte: Riesengebirge Krkonoše 1 : 50 000, VKÚ Harmanec Nr. 22

Einkehrmöglichkeiten: Leischnerbaude (9–22 Uhr), Horska chata Portášky (10–22 Uhr), Buchtelbaude, Jonabodenbaude (10–20 Uhr), Gasthäuser in Groß-Aupa

Anfahrt: Bus: Linienbusse aus Trutnov und Špindlerův Mlýn, Fernlinienbusse aus Prag und Český Krumlov über České Budějovice. **PKW**-Anreise über die Hauptstraße Liberec–Trutnov Nr. 14, ab Mladé Buky Nebenstraße Nr. 296, am Abzweig zu den Grenzbauden/Pomezní boudy auf Nr. 296 A abbiegen. In Pec p. S. gibt es zwei kostenpflichtige Parkplätze.

Vom Wegweiser am **Gasthaus Hospoda Na Peci** in Petzer/**Pec pod Sněžkou** folgen wir der grünen Markierung Richtung Růžohorky, vorbei am Hotel Hořec. Am Busparkplatz biegen wir rechts ab und queren über eine Brücke das Flüsschen Aupa (Úpa). Danach beginnt bereits der steile Aufstieg im Fichtenwald. An der Kreuzung Pod Větrníkem halten wir uns geradeaus. Nach einer Dreiviertelstunde kommen wir auf eine Waldlichtung mit schöner Aussicht auf Brunnberg (Studniční hora), Hochwiesenberg (Luční hora), Blaugrund (Modrý důl), Richterbauden (Richterovy boudy) und Fuchsberg (Liščí hora). Etwa 300 m oberhalb

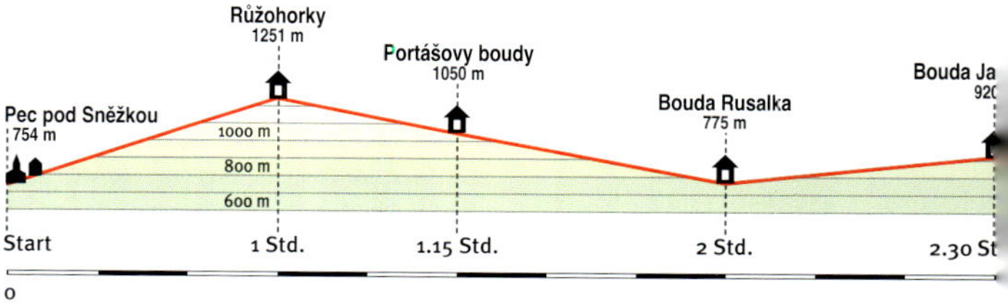

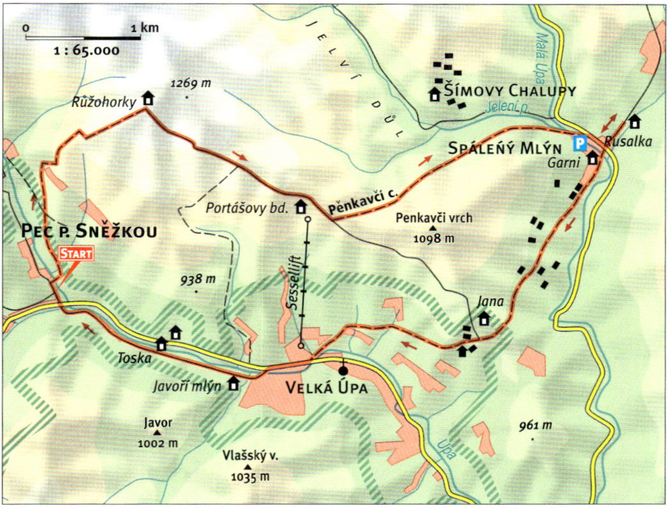

befindet sich eine Trinkwasserstelle. Die Leischnerbaude/**Bouda Růžohorky** (1 Std.) steht auf einer Lichtung nahe der Umsteigestation des Sessellifts zur Schneekoppe. Bei schönem Wetter sitzen die meisten Wanderer an den Holztischen vor der Baude, genießen die Sonne und den Blick zum Schwarzen Berg (Černá hora). Auch die vielen verstreut stehenden Bauden, Pensionen und Hotels von Petzer sind zu sehen. Von der Leischnerbaude führt eine schmale Asphaltstraße leicht bergab zu den Hoferbauden. Am Abzweig Nad Portášovými boudami gehen wir weiter geradeaus bis zur Bergstation des Sessellifts an den Hoferbauden/**Portášovy boudy** (1.15 Std.). Hier befindet sich auch das neu erbaute Berghotel Horská chata Portášky. Am Wegweiser Pod Portášovými boudami biegen wir nach links Richtung Krakonošovo údolí auf einen breiten Fahrweg ab. Am Nordhang des Finkenberges (Pěnkavčí vrch) führt die Route leicht bergab. Bald öffnet sich der Hochwald, und man genießt auf einer großen Lichtung freie Sicht. Am gegenüberliegenden Löwenberg, den die Tschechen in Hirschberg (Jelení hora) umgetauft haben, zeigen sich die Simabergbauden (Šímovy Chalupy) malerisch. Weiter links, über dem Löwengrund (Lví důl) erhebt sich die Schneekoppe: Von der Südostseite erscheint der Gipfel abgerundet. Im Sommer blüht hier massenhaft Fingerhut.

Auf dem Finkenbergweg (Pěnkavčí cesta) läuft es sich angenehm bergab. Unter uns rauscht der Löwenbach. Auch er wurde umbe-

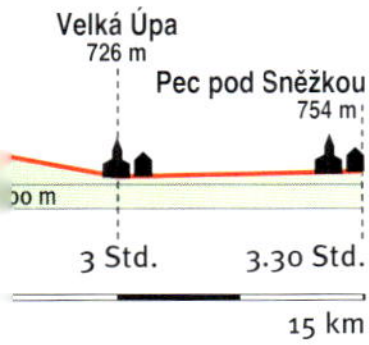

Rast an der Leischnerbaude

nannt in Hirschbach (Jelení potok); nur der Löwengrund (Lví důl) behielt seinen alten Namen (Lev = Löwe). An der Gabelung vor der Brücke über die Kleine Aupa (Malá Úpa) halten wir uns halblinks, danach bis zum Parkplatz an der ehemaligen Mohornmühle (Spáleny Mlýn) die Straße entlang. Leider hat das Gasthaus oft geschlossen, doch gegenüber biegt von der Hauptstraße ein asphaltierter Fahrweg nach links ab, der in die etwa 200 m entfernte Buchtelbaude/**Rusalka** (2 Std.) führt.

Von der Rusalka gehen wir zurück bis Spálený Mlýn, das benachbarte Restaurant Modra hvězda ist wegen überhöhter Preise nicht zu empfehlen. Vom Parkplatz Spálený Mlýn folgen wir den blauen Zeichen Richtung Velká Úpa und überqueren die Aupa. Die schmale Asphaltstraße führt leicht, aber stetig bergan, vorbei an der Baude U mamuta (Zum Mammut), später durch Fichtenhochwald. Weiter oberhalb öffnet sich der Wald wieder, wir passieren die Nationalparkgrenze und stehen bald darauf an der einladenden Jonabodenbaude/**Bouda Jana** (2.30 Std). Wo der Weg sich am Waldrand gabelt, halten wir uns halb links. Bei den ersten Häusern von Velká Úpa trifft er auf eine Straßenkehre, wir gehen weiter Richtung Tal. Schon bald ist am Fuße des gegenüberliegenden Berghangs die Kirche von Groß-Aupa zu sehen. Wir erreichen die Hauptstraße von Marschendorf (Horní Maršov) nach Petzer (Pec p. S.), biegen hier rechts ab und haben nach etwa 300 m das Zentrum von Groß-Aupa/**Velká Úpa** (3 Std.) erreicht. Vorbei am Hotel Úpa gehen wir weiter die Hauptstraße bergauf. Am Aupaufer stehen zwei hübsche Holzhäuser. Das erste ist ein Original, grün-weiß gestrichen und mit vielen Verzierungen. Das andere wurde neu erbaut, aber dem alten Stil nachempfunden. Hinter dem Turbinenhäuschen überqueren wir die Aupa, weiter folgen wir den blauen Markierungen vorbei an der Pension Pepino und dem Gasthaus Javoří Mlýn. Der Asphaltweg verläuft oberhalb der Hauptstraße parallel zu ihr bis nach Petzer. Schräg unterhalb der kleinen Kapelle steht die Jägerhütte (Lovecká chata), ein nationales Kulturdenkmal: Der Besitzer und Tischler Josef Steiner baute sie 1900 um. Mit Gaupen auf der Vorderseite, Heuschuppen auf der Rückseite und charakteristischen Holzschnitzereien schuf Steiner einen neuen Haustyp. Vor allem der Hausschmuck wurde von vielen Baudenbesitzern nachgeahmt.

Kurz nach Überquerung der Aupa stehen wir wieder in Petzer/**Pec pod Sněžkou** am Gasthaus **Hospoda Na Peci** (3.30 Std.).

Buchtelbaude (Rusalka)

1997 kaufte der Berliner Gastwirt Hans-Joachim Kelle die Bergbaude Rusalka. Die einheimische Konkurrenz beäugte den Neuankömmling skeptisch: Kommen jetzt die Deutschen? Viele Schikanen überstand er nur mit Hilfe tschechischer Freunde. Die zumeist deutschen Gäste palavern in der gezimmerten Gaststube bei Budweiser über Gott, die Welt, über Tschechien und das Wetter. Viele Berliner und Sachsen sind Stammgäste, einige kennen die Rusalka noch von früher als Gewerkschaftshotel. Rusalka heißt Meerjungfrau. Warum ausgerechnet eine Bergbaude den Namen einer Nixe erhielt, liegt im Dunkel der sozialistischen Vergangenheit. Vielleicht animierte das plätschernde Bächlein ganz in der Nähe zum neuen Namen? Bis Mitte der 1940er Jahre war das altehrwürdige Haus als Buchtelbaude über Grenzen bekannt: Buchteln sind ein leckeres Hefegebäck. Nach überliefertem Rezept werden hier noch immer die echten sudetendeutschen Buchteln angeboten: Gefüllt mit Blaubeeren, Mohn, Pflaumenmus oder Quark kommen sie mit warmer Vanillesoße auf den Tisch. Und einzig im Riesengebirge wird hier der Echt Stonsdorfer ausgeschenkt. In seiner angestammten Heimat geriet der Kräuterbitter nach 1945 in Vergessenheit. Doch die Spirituose aus 43 Kräutern und dem Saft aromatischer Blaubeeren wird heute noch immer nach originalem Rezept von 1810 hergestellt.

Tour 16

Auf ruhigen Pfaden

Von Ober Klein-Aupa auf die Schneekoppe

Diese Wanderung zeigt die Schneekoppe aus wenig bekannten Perspektiven. Auch zur Hauptsaison wird sie nur von wenigen Touristen von Osten her bezwungen. Gewimmel ist nur auf dem letzten Kilometer zur Schneekoppe und auf dem Gipfel selbst zu erleben.

DIE WANDERUNG IN KÜRZE

++ Anspruch

4 Std. Gehzeit

16 km Länge

Charakter: Rundwanderung auf abschnittsweise steinigen Pfaden, langer Aufstieg von Ober Klein-Aupa zur Schneekoppe und langer Abstieg zurück nach Ober Klein-Aupa

Ausrüstung: Teleskopstöcke

Wanderkarte: Riesengebirge Ost 1 : 25 000, VKÚ Harmanec

Einkehrmöglichkeiten: Pomezní boudy, Jelenka, Imbiss im Postamt der Schneekoppe

Anfahrt: Busse aus Trutnov. **PKW-**Anreise über die Hauptstraße Liberec–Trutnov Nr. 14, ab Mladé Buky Nebenstraße Nr. 296.

Aus Polen von Jelenia Góra auf der Hauptstraße Nr. 367 nach Kowary, dann Richtung Kamienna Góra/Wałbrzych. Auf dem Schmiedeberger Pass/Rozdroże Kowarskie auf die Nebenstraße Nr. 368 zu den Grenzbauden/Przełęcz Okraj abbiegen (Grenzübergang nach Böhmen). Nahe der Grenze auf böhmischer Seite zwei kostenlose Parkplätze.

Vom Parkplatz mit Bushaltestelle in Ober Klein-Aupa/**Horní Malá Úpa** folgen wir der gelben Markierung Richtung Pod Jelenkou, anfangs auf einem Wiesenweg. Nach etwa 100 m halten wir uns an der Weggabelung halb links, vorbei an der Pension Vera. Nach 1 km taucht der sogenannte Faltisweg (Žlutá cesta) in Fichtenwald ein. Zur Wegkreuzung **Pod Jelenkou** mit Brücke führt ein abschüssiger asphaltierter Weg, ab

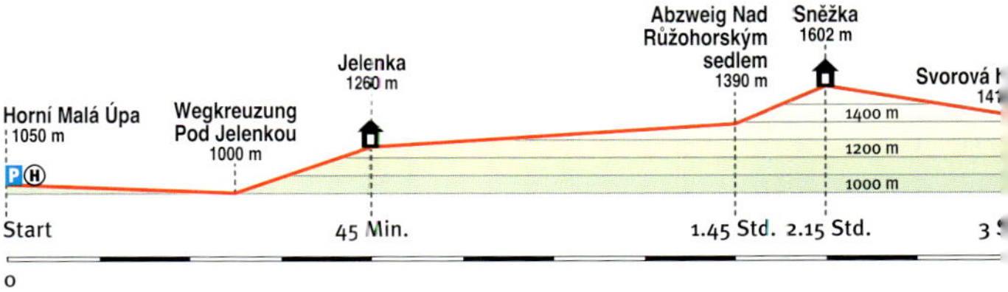

hier beginnt der eigentliche Aufstieg. Weiter oberhalb wächst neuer Fichtenwald heran. Ab und an lassen die jungen Bäume noch die Aussicht nach Süden zu.

Die Emmaquellenbaude/**Jelenka** erreichen wir nach 45 Min. Sie wurde 1936 erbaut; Auftrag- und Namensgeber war Graf Czernin-Morzin, Besitzer der Herrschaft Marschendorf (Maršov). Er benannte Baude und Quelle nach seiner Großmutter. Die Baude hat einen gemütlichen Gastraum mit einigen gräflichen Jagdtrophäen, ist aber außerhalb der Saison selten geöffnet. Die Emmaquelle (Emin pramen), etwa 100 m oberhalb der Baude nahe dem Obelisk, bietet die letzte Erfrischungsmöglichkeit vor der Schneekoppe.

Oberhalb der Jelenka biegen wir nach links auf den grün markierten Pfad Richtung Pod Obřím hřebenem ab. Unser Weg verläuft anfangs leicht ansteigend über Steine und Wurzeln durch Fichtenwald am Südhang der Schwarzen Koppe (Svorová hora) entlang, später gesellen sich Latschenkiefern zur Vegetation. Nach links geht der Blick hinunter in den Löwengrund (Lví důl), ein abgeschiedenes Waldtal. Oberhalb der Waldgrenze liegen sogenannte Blockmeere, lose Geröllfelder, die vor allem durch Frostverwitterung entstanden. Unser Pfad überquert einige dieser Flächen. Vereinzelte Quarzklumpen heben sich als weiße Tupfer auf den Blockmeeren ab. Der ausgesetzte Hang des Riesenkamms (Obří hřeben) zeigt ausgeprägten Tundracharakter. Nur die widerstandsfähigen Latschenkiefern ducken sich gemeinsam mit zwergwüchsigem Heidekraut an den Boden. Hier beginnt das Reich der Flechten, Gräser und Moose.

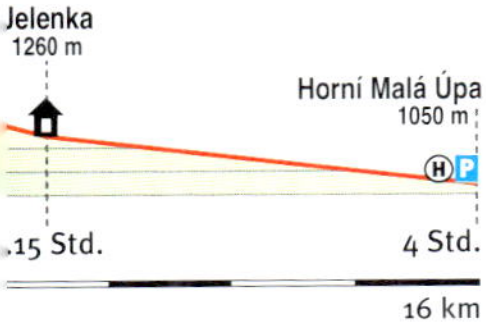

An der Südostflanke der Schneekoppe müssen wir ein Stück mühselig über Granitsteinblöcke kraxeln. Wir unterqueren den Sessellift Rosenberg (Růžová hora)–Schneekoppe (Sněžka). Der Sessellift auf die Schneekoppe mit zwei Teilstrecken und Umsteigestation Růžová hora wurde 1949 eingeweiht. Die gesamte Strecke ist ca. 3,5 km lang und die Fahrt von Petzer bis auf die Schneekoppe dauert knapp 30 Min.; in über 50 Jahren beförderte der Lift unfallfrei 5 Millionen Gäste. Wenn der Betrieb wegen starkem Wind eingestellt werden muss, herrscht ab dem **Abzweig Nad Růžohorským sedlem** (1.45 Std.) viel Fußgängerverkehr. Hier biegen wir nach rechts ab, um uns nun an die gelbe Markierung zu halten. Im Sommer blühen am Wegesrand Alpenlattich und -habichtskraut sowie die Weiße Küchenschelle. Um die Bodenerosion zu beherrschen, wurde der Weg ab Mitte der 1990er Jahre völlig neu gesichert. Hunderte Stufen sorgen für einen anstrengenden Kilometer bergauf, auch wenn das Gefälle so auf etwa 15 % vermindert werden konnte. Auf dieser Route stiegen einst auch die böhmischen Koppenträger hinauf.

Vorbei an der Bergstation des Sessellifts erreichen wir die Schneekoppe/**Sněžka** (2.15 Std.). Gemütlich sitzt man im winzigen höchstgelegenen Postamt Tschechiens bei einer warmen Tasse Tee. Kartengrüße werden hier oben mit einem postalischen Sonderstempel auf die Reise geschickt. An der Wand sind historische Fotos zu sehen, auch von den Koppenträgern.

Vor der Polnischen Baude folgen wir der roten Markierung nach rechts, um in östlicher Richtung abzusteigen. Wir überqueren den gepflasterten Jubiläumsweg. Auf dem flachen Riesenkamm (Obří hřeben) befinden sich ausgeprägte Steinfelder (Polygone). Wanderer haben hier viele Steinmännchen aufgetürmt, die allerdings weniger der Orientierung als vielmehr einer Art Beschwörung dienen: Wer einen Stein dazulegt, der wird bald wieder ins Riesengebirge zurückkehren...

Im Rückblick sind die Schneekoppe mit ihrem steil abfallenden Nordhang und ein Teil des Lomnitzgrundes (Kocioł Łomniczki) zu sehen. Weit dahinter ragt der markante Mittagstein über den Hauptkamm, darunter liegt der Große Teich (Wielki Staw).

Die zweite Hälfte des Weges auf dem Riesenkamm verläuft durch Latschenkiefern. Nach 3 Std. stehen wir auf der Schwarzen Koppe/**Svorová hora.** Unter uns sehen wir im Norden die weit verstreuten Häuser von Krummhübel (Karpacz), im Osten die Grenzbauden (Pomezní boudy). Wo der Abstieg beginnt, befindet sich eine Bank mit schönem Ausblick; über Stufen geht es abwärts bis oberhalb der **Jelenka** (3.15 Std.). Wir halten uns weiter an die rote Markierung und steigen zum Eulenpass (Soví sedlo) mit Schutzhütte ab. Würziger Duft steigt aus einem kleinen Moor 100 m weiter auf der rechten Seite. Wiederum 100 m weiter gabelt sich der leicht ansteigende Weg, wir gehen nach rechts. Dort wo der Asphalt beginnt, sollten wir uns noch ab und zu einmal um-

schauen: Je nach Sonneneinfall erscheint die Schwarze Koppe mehr oder weniger dunkel, und man könnte meinen, die Schneekoppengebäude stünden auf der Schwarzen Koppe. Leicht bergab gehend, erreichen wir schließlich die Grenzbauden mit Bushaltestelle in **Horní Malá Úpa** (4 Std.).

Schneekoppe

Mitten über den Gipfel der Schneekoppe verläuft die böhmisch-schlesische Grenze. Tschechisch heißt die Krone der Sudeten Sněžka, polnisch Śnieżka. Nachweislich standen die ersten Bezwinger zur Mitte des 15. Jh. auf dem Gipfel. Es waren Glücksritter aus ganz Europa, die hier nach Gold, Edelsteinen und Erzen suchten. Seither ist die Besteigung des höchsten Berges Böhmens und Schlesiens eine der Attraktionen eines Riesengebirgsbesuchs.

Der schlesische Graf Schaffgotsch wollte seinen böhmischen Widersachern während der Grenzstreitigkei-

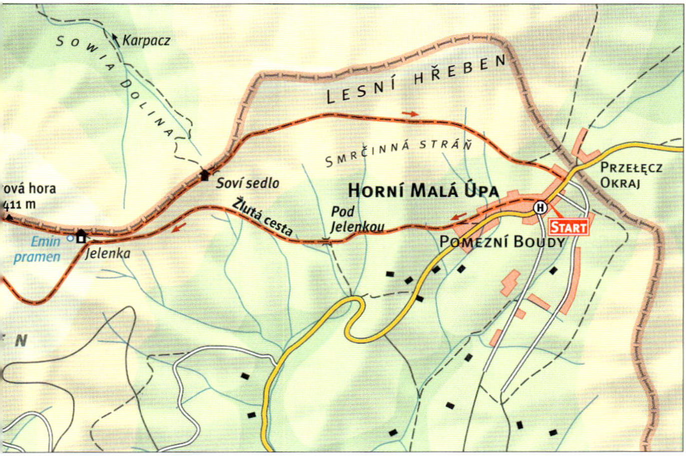

ten zuvorkommen: Von 1668 bis 1681 ließ er eine Kapelle errichten, die dem hl. Laurentius geweiht wurde. Damit gehörte die Schneekoppe für einige Zeit sichtbar zu seiner Herrschaft. Die Kirche feierte hingegen die Weihe der Kapelle als Sieg über die Dämonen der Berge. Der Gipfel wurde ein beliebter Wallfahrtsort, und die Besucherzahlen stiegen weiter. Zu den prominenten Gästen zählten Geheimrat Goethe, König Friedrich Wilhelm III., Theodor Körner, Caspar David Friedrich und Ludwig A. Richter. Goethe war vom Sonnenaufgang so begeistert, dass er die Szene in seine »Venezianischen Epigramme« einfließen ließ. Körner lobte in einem Gedicht die herrliche Aussicht. Caspar David Friedrich bannte das Sonnenaufgangsmotiv eindrucksvoll auf Leinwand.

Nachdem in Preußen die meisten Klöster aufgelöst waren, wurde auch die Schneekoppenkapelle zweckentfremdet. Von 1824 bis 1850 nutzte man den Rundbau als Gasthaus und Herberge, bis die erste Preußische Koppenbaude eröffnet wurde. Die verschwand 1857 durch Brandstiftung, der Nachfolgebau 1862 durch einen Brand nach Blitzschlag. Die dritte Preußische Baude stand bis 1967. Die Polnische Baude setzt seit Mitte der 1970er Jahre völlig neue Akzente auf dem Gipfel, sie ähnelt in ihrer Form einem abflugbereiten Ufo. Die Böhmische Baude öffnete ihre Pforten 1868 und war bis Anfang der 1990er Jahre in Betrieb. Jetzt bietet sie dem Betrachter ein elendes Bild; das Gebäude soll aus Naturschutzgründen abgetragen werden. An diesem Standort soll sich wieder das Gänseblümchen-Ehrenpreis ausbreiten, das auf dem Gipfel sein einziges Refugium hat.

Zusammen mit einem Sesselliftneubau möchten die Tschechen die gegenwärtig unzureichende gastronomische Situation wesentlich aufwerten. Verschwunden ist auch die preußische Wetterwarte, deren markanter Turm die Koppensilhouette von 1900 bis 1989 prägte.

Die Rundsicht von der Schneekoppe gehört noch immer zu den

Aussicht vom Observatorium auf der Schneekoppe

großartigen Erlebnissen eines Riesengebirgsurlaubs. Doch allzu oft veranstaltet der Herr der Berge einen Waschtag: Nebel oder Wolken hüllen den Berg vollständig ein. Manchmal schieben kräftige Windböen den dunstigen Vorhang kurze Zeit beiseite. Doch bei idealem Wetter liegen dem Betrachter Böhmen und Schlesien wie aus der Vogelperspektive zu Füßen. Eindrucksvoll sind der Blick in den Riesengrund (Obří důl) und nach Westen hinüber zu Brunnberg (Studniční hora), Aupamoor (Úpské rašelinště) und Wiesenbaude (Luční bouda).

Koppenträger

Die Obrigkeit oder wohlhabende Reisende hatten es einst sehr bequem: In Sänften trug man sie auf den Gipfel der Schneekoppe; Dicke mussten Zuschlag zahlen. Im Riesengebirgsmuseum in Hohenelbe (Vrchlabí) können noch einige historische Beförderungsmittel bestaunt werden. Auch Bau- und Brennstoffe, Lebensmittel, Getränke, Trinkwasser (bis 1912, danach wurde eine Wasserleitung in Betrieb genommen), alles, was auf der Schneekoppe gebraucht wurde, schleppten Träger aus dem Aupaer Tal zum Gipfel. Lasten zwischen 80 und 100 kg waren die Regel. Rekorde stellte der Koppenträger Robert Hofer auf: So brachte er eine 140 kg schwere Kasse und 1944 ein 160 kg schweres Rohrstück auf den Gipfel! Die sudetendeutschen Koppenträger betrieben ein angesehenes Gewerbe. Sie waren auch nach 1945 so unersetzlich, dass sie nicht ausgewiesen wurden. Trotz Inbetriebnahme des Sessellifts waren einzelne Träger bis 1961 im Einsatz.

Seine letzte Ruhe fand ein berühmter Koppenträger auf dem Friedhof von Groß-Aupa (Velká Úpa): Der Grabstein unter alten Linden zeigt Robert Hofer mit Bergstock und Hucke, im Hintergrund die Schneekoppe.

Köstliches von der Milchfarm

Von Groß-Aupa über den Schwarzen Berg nach Johannisbad
An den Walschabauden oberhalb von Groß-Aupa lädt eine ökologische Milchfarm zur Einkehr. Holzstege und ein Aussichtsturm ermöglichen Einblicke in das Schwarzenbergmoor, und die Hubertusaussicht bietet ein herrliches Panorama des Ostriesengebirges.

DIE WANDERUNG IN KÜRZE

++ Anspruch

2.45 Std. Gehzeit

13 km Länge

Charakter: Streckenwanderung auf meist bequemen Wegen, steiler Abstieg von der Schwarzschlagbaude nach Johannisbad

Markierung: gelber Querbalken bis zur Gabelung U Malých Pardubických bud, dann rot bis Johannisbad

Ausrüstung: Teleskopstöcke

Wanderkarte: Riesengebirge Krkonoše 1 : 50 000, VKÚ Harmanec Nr. 22

Einkehrmöglichkeiten: Milchfarm der Familie Sosna (tägl. außer Montag 11–17 Uhr), Schwarzschlagbaude (8–22 Uhr), Lesní dům in Johannisbad (8–22 Uhr)

Anfahrt: Bus: Linienbusse aus Trutnov und Špindlerův Mlýn, Fernlinienbusse aus Prag und Český Krumlov über České Budějovice. **PKW**-Anreise über die Hauptstraße Liberec–Trutnov Nr. 14, ab Mladé Buky Nebenstraße Nr. 296, am Abzweig zu den Grenzbauden/Pomezní boudy auf Nr. 296 A abbiegen. In Velká Úpa kostenpflichtiger Parkplatz im Zentrum.

Rückfahrt: Linienbus von Janské Lázně über Svoboda nad Úpou (Umsteigen) nach Velká Úpa, Fahrzeit ca. 40 Min., Fahrplan: www.bus-vlak.cz

Von **Velká Úpa**/Bushaltestelle Na městí folgen wir den gelben Markierungsbalken und gehen die Hauptstraße hinunter, über die Aupabrücke und vorbei an der Pension U Pece. Hinter der Brücke biegen wir rechts und dann gleich links ab. Der Weg führt oberhalb der Kirche von Groß-Aupa entlang. Auf dem Friedhof befinden sich viele Gräber deutscher Riesengebirgsfamilien. Hier ruht auch der Koppenträger Robert Hofer (s. S. 84). Bevor wir durch Fichtenwald bergan steigen, genießen wir noch einen schönen Blick auf die verstreut liegenden Bauden von Groß-Aupa. Mit der winzigen Streusiedlung Totenboden/**Hlušiny** (30 Min.) erreichen wir eine große Lichtung. Bei Sonnenschein lässt es sich auf der Wiese herrlich rasten. Der Pfad führt diagonal über

Im Schwarzenbergmoor

die Lichtung bergan. Am Waldrand wurde eine Lesesteinmauer errichtet. An der oberhalb gelegenen Kreuzung biegen wir links auf den asphaltierten Fahrweg ab. Am Wegesrand wachsen Mengen von rosa und weißem Fingerhut. Beim Wegweiser Pod Vlašskými boudami gehen wir halbrechts weiter und haben nach wenigen Schritten die ökologische Milchfarm D. Sosna/**Mléčná Farm D. Sosny** (45 Min.) erreicht. Am Wegweiser Nad Vlašskými boudami oberhalb der Farm biegen wir nach links ab und gehen den Hang bergan. Von oben bietet sich im Rückblick eine schöne Ansicht auf die Südflanke der Schneekoppe, weiter rechts sieht man noch einmal die Milchfarm aus der Vogelperspektive. Nach dem Eintritt in den Fichtenwald begrenzen Blaubeersträucher den Weg. An der Wegespinne gehen wir geradeaus. Wir treffen auf den Naturlehrpfad ins Schwarzenbergmoor (Černohorské rašeliniště), der auf einem Brettersteg links in das Naturschutzgebiet hinein führt. Ein Abstecher von 150 m lohnt, um sich das Moor genauer anzuschauen. Hier gedeihen Raritäten wie Sudeten-Läusekraut und Lindberg-Torfmoos.

Wieder zurück, verbleiben wir weiterhin auf der gelb markierten Route und erreichen die Hubertusaussicht/**Hubertova vyhlídka** (1.15 Std.). Auf einer Tafel werden alle wichtigen Blickpunkte bezeichnet. Teils auf festem Boden, teils auf Stegen kommen wir an ein Wege-T: Die Sackgasse nach links führt zum Aussichtsturm des Schwarzenberg-

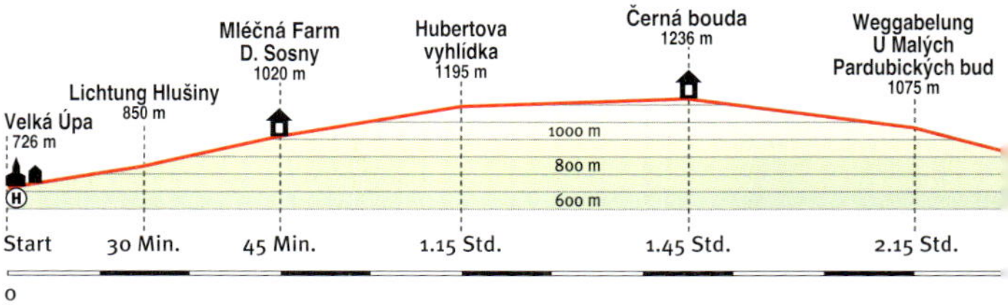

moors. Von oben überblickt man eine baumlose Moorfläche von 2,5 ha. Im Juli bilden die Blütenstände des Wollgrases einen weißen Teppich.

Am Wegweiser Nad Javořím dolem halten wir uns links Richtung Černá bouda/Janské Lázně. Vor der Schwarzschlagbaude/**Černá bouda** (1.45 Std.) eröffnet sich eine herrliche Aussicht auf Hochwiesenberg (Luční hora), Brunnberg (Studniční hora) und Schneekoppe (Sněžka). Ab der Schwarzschlagbaude folgen wir weiter den gelben Markierungen auf dem Pfad Richtung U Malých Pardubických bud. Im Wald stehen auch noch einige knorrige alte Riesengebirgsfichten: Sie unterscheiden sich von späteren Aufforstungen durch ihre kegelförmige Wuchsform. Mit ihrem starken Stamm und kleinerem Wuchs konnten sie den Naturgewalten wesentlich besser trotzen als später angepflanzte Arten. Wir queren einen breiten Fahrweg, danach beginnt ein beschwerlicher Abstieg auf steinigem und wurzelreichem Untergrund. Am Wege-T biegen wir rechts ab, kurze Zeit führt der Pfad leicht bergan. An der Weggabelung **U Malých Pardubických bud** (2.15 Std.) wandelt sich der Pfad zum breiten Fahrweg, auf dem es sich angenehm bergab schreiten lässt. Ab hier folgen wir den roten Querbalken halblinks. Wir unterqueren den Skilift und gehen links den Pfad hinab, vorbei an der Berghütte Zvonička (Glöckchen). An der Hütte Erika treffen wir auf einen asphaltierten Fahrweg und biegen wiederum links ab. Hinter dem Hotel Siréna erreichen wir die Hauptstraße. Noch 100 m nach links, dann stehen wir vor dem gemütlichen Hotel und Restaurant **Lesní dům** (2.45 Std.) in Johannisbad (Janské Lázně). Schräg gegenüber liegt die Bushaltestelle.

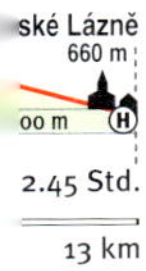

Walschabauden und Milchfarm

Die Walschabauden (Vlašské boudy) erinnern mit ihrem Namen an ihre Begründer, die nach 1566 aus Südtirol ins Riesengebirge gekommen waren (walsch = welsch = italienisch). Nach dem Ende der Holzfällerei kultivierten sie die Rodungen als Wiesen und wurden sesshaft. Zweimal im Sommer wurde Heu geerntet. Das Vieh trieb man auch auf benachbarte Waldlichtungen. Jahrhundertelang wurde in den Hütten gesalzene Gebirgsbutter gestoßen und Riesengebirgsquargel, eine Käsespezialität, produziert. Zwischen den beiden Weltkriegen gaben die Kühe pro Tag 5000 Liter Milch. In Kannen abgefüllt, wurde sie auf Kraxen oder im Winter auf Hörnerschlitten zur Trautenauer Molkerei gebracht. Nach der Vertreibung der Deutschen kam die Bergwirtschaft zum Erliegen. 1983 wagten David und Věra Sosna einen Neuanfang und kauften die erste Kuh. Nach 1990 gründeten beide eine ökologische Milchfarm, die den Besuchern offen steht. Wie zu alten Zeiten kann man sich hier einen Blaubeerjoghurt, ein Quark- oder Käsebrot oder ein Glas mit herrlich frischer Milch schmecken lassen. Auch leckere Buchteln werden angeboten.

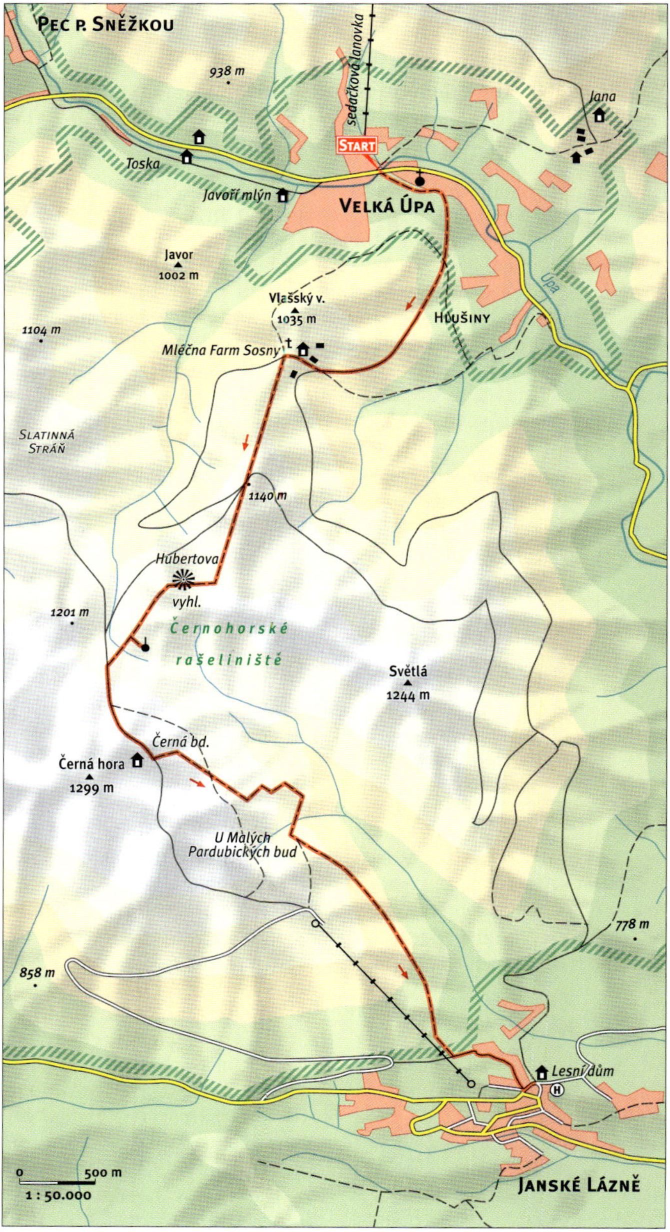
Pec p. Sněžkou
938 m
sedačková lanovka
Jana
START
Toska
Javoří mlýn
Velká Úpa
Javor
1002 m
Úpa
Vlašský v.
1035 m
Hlušiny
1104 m
Mléčna Farm Sosny
Slatinná Stráň
1140 m
Hubertova
vyhl.
1201 m
Černohorské rašeliniště
Světlá
1244 m
Černá bd.
Černá hora
1299 m
U Malých Pardubických bud
778 m
858 m
Lesní dům
0
500 m
1 : 50.000
Janské Lázně

Durchs Schwarzenthal hinauf

Von Schwarzenthal über die Töpferbauden nach Petzer
Durch das romantische Schwarzenthal geht es zu weiten Wiesen. Die Gebirgler wussten, wo genügend Gras für das Vieh wuchs und es dazu schön und sonnig war. Zwischen Schwarzem Berg und Fuchsberg gibt es noch heute viele Bauden, meist mit Gaststube.

DIE WANDERUNG IN KÜRZE

+ Anspruch

2.30 Std. Gehzeit

11 km Länge

Charakter: Streckenwanderung auf meist bequemen Wegen

Markierung: blaue Querbalken bis zur Husova bouda, dann gelb bis Petzer (Pec pod Sněžkou)

Wanderkarte: Riesengebirge Krkonoše 1 : 50 000, VKÚ Harmanec Nr. 22

Einkehrmöglichkeiten: Hotel und Restaurant Pošta am Markt in Černý Důl (tägl. ab 11.30 Uhr), Pražská bouda (nur Imbiss), Kolínská bouda (10–18 Uhr), Vebrova bouda

Anfahrt: Linienbus von Pec pod Sněžkou nach Špindlerův Mlýn über Černý Důl (nur vom 1. Juli bis 31. Aug. tägl. 9.30 Uhr, Fahrzeit 35 Min., Fahrplan: www.busvlak.cz)

Rückfahrt: Mit ÖPNV nicht möglich, deshalb das Auto in Pec pod Sněžkou abstellen und früh mit dem Bus nach Černý Důl fahren.

Gegenüber der Bushaltestelle Schwarzenthal/**Černý Důl** befindet sich das Hotel und Restaurant Zur Post (Pošta), ein schöner Barockbau mit Arkadengang. Hier gehen wir rechts vorbei, die Stufen hinauf und ein Stück parallel der Hauptstraße Richtung Janské Lázně. Hinter dem Hotel Pošta beginnt auch die blaue Markierung. An der Gabelung beim Skizentrum biegen wir halblinks ab. Das Sträßchen führt vorbei an der Station des Bergrettungsdienstes (Horská služba Černý Důl) und einigen hübschen Riesengebirgsblockhäusern. Im Ortsteil **Černý Důl část** (30 Min.) überqueren wir den Silberbach (Čistá); hier befindet sich eine kleine Nationalparkinformation, wo auch Parkplatz- und Mautgebühren kassiert werden.

Am Silberbachufer blühen im Sommer Alpenmilchlattich und Schmalblättriges Weidenröschen. Am Abzweig zu den Tetřeví boudy gehen wir weiter geradeaus. Nach einer knappen Stunde können wir frisches Trinkwasser schöpfen; hier reifen im August auch viele Himbeeren. An der Gabelung Údolí Čisté halten wir uns halb links. In der Straßenkurve weiter oben verlassen wir den Asphalt und folgen dem Schild Náchodská bouda halb rechts auf einen Waldweg. Nach leichtem Anstieg erreichen wir die große Lichtung an den Töpferbauden (Hrnčířske boudy). Am Wegweiser nahe der Náchodská bouda folgen wir dem Weg geradeaus Richtung Tetřeví boudy bis zur Gabelung vor der Bouda Mír. Hier gehen wir halb rechts und am Wegweiser **Bouda Mír** (1.15 Std.) gleich wieder nach links. Bei der Wegespinne laufen wir am Antennenmast rechts vorbei. Die Entfernung bis zur Husova bouda ist von hier mit 700 m angegeben. An der Kreuzung kurz vor dieser Baude biegen wir bei trübem Wetter gleich nach rechts ab; bei schönem Wetter dagegen lohnt es sich, noch etwa 100 m weiter zu gehen, denn von der Husova bouda bietet sich der schönste Blick auf Petzer (Pec pod Sněžkou) mit vielen verstreut liegenden Bauden, Pensionen und Hotels. Schneekoppe, Riesengrund und Brunnberg begrenzen den Horizont. Das Panorama ist auf vielen Postkarten und Prospekten abgebildet.

Von der Husova bouda kommend halten wir uns an der Kreuzung links, ab hier ist der Weg gelb markiert. Die Prager Baude/**Pražská bouda** (1.30 Std.) gehört bereits zu den Bohnwiesbauden (Lučiny). Auf dem weiteren Weg passieren wir die Bauden Krakonoš und Zvonička. Die ersten Bauden in diesem idyllischen Winkel entstanden bereits im 16. Jh. Aus jener Zeit hat keine überdauert, alle existierenden sind mit dem Tourismus gewachsen: so auch die völlig rekonstruierte **Kolínská bouda** (1.45 Std.). Im Gasthaus kommt eine regionale Spezialität auf den Tisch: Trautenbergs Kartoffeln (Trautenberkovy brambory) mit viel Knoblauch.

Am Wegweiser vor der Kolínská bouda biegen wir nach links ab, ein Stück geht es leicht bergan. Am Wege-T Slatinná stráň biegen wir nach rechts auf den asphaltierten Fahrweg ab, der ins Tal führt. Von der Weberbaude/Vebrova bouda genießt man einen schönen Blick auf Groß-Aupa (Velká Úpa). Wir verlassen den Asphaltweg an der Gabelung halblinks. Der gelb markierte Weg trifft weiter unten wieder auf den Fahrweg, dem wir nur noch 150 m nach links folgen, um dann scharf nach rechts auf einen Pfad abzubiegen, der teils über Wurzeln und Stufen recht steil zum Tagesziel führt.

Wir überqueren die Aupabrücke und haben das Gasthaus Hospoda Na Peci in **Pec pod Sněžkou** (2.30 Std.) erreicht.

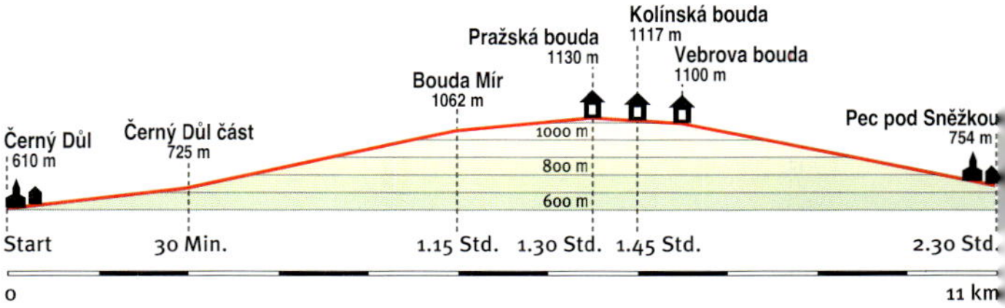

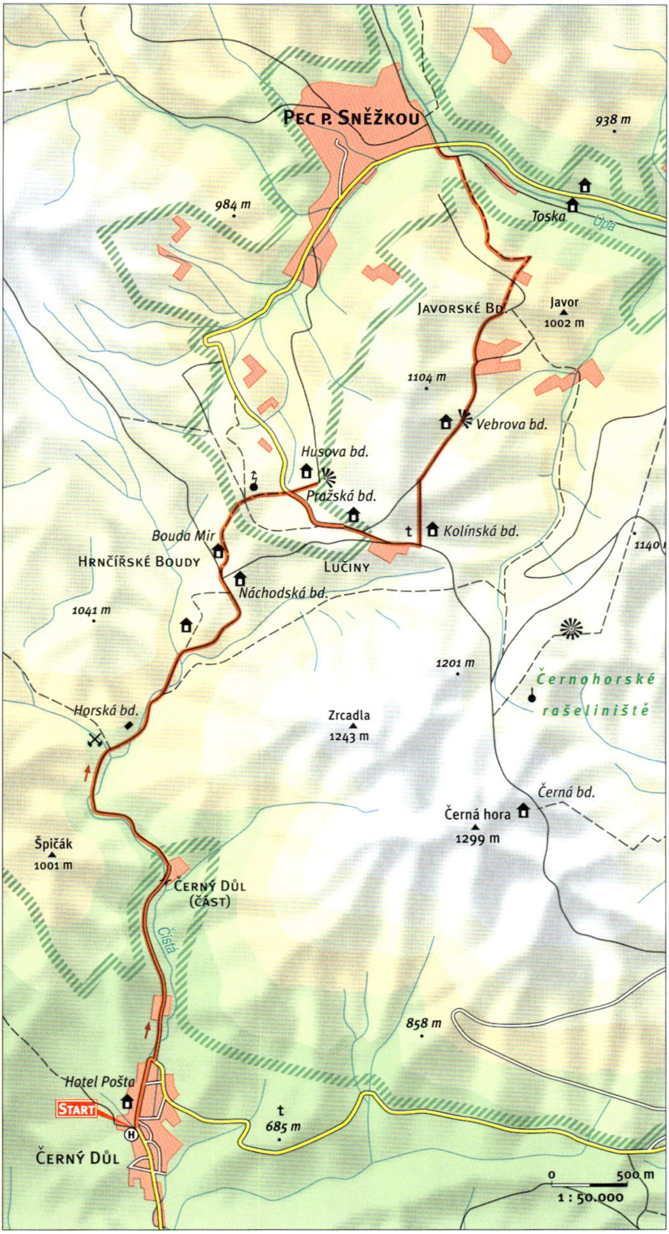

Pec p. Sněžkou
938 m
Toska
Úpa
984 m
Javorské Bd.
Javor
1002 m
1104 m
Vebrova bd.
Husova bd.
Pražská bd.
Kolínská bd.
Bouda Mir
Hrnčířské Boudy
Lučiny
Náchodská bd.
1140
1041 m
1201 m
Černohorské rašeliniště
Horská bd.
Zrcadla
1243 m
Černá bd.
Černá hora
1299 m
Špičák
1001 m
Černý Důl (část)
Čistá
858 m
Hotel Pošta
Start
685 m
Černý Důl
0
500 m
1 : 50.000

Tour 19

Ein stiller Flecken Riesengebirge

Von Ober Klein-Aupa nach Marschendorf

Von bequemen Wegen aus blicken wir oft auf die Schneekoppe. Ober-Albendorf (Horní Albeřice) schmiegt sich weltentrückt ins Tal, hier sagen sich Fuchs und Hase wirklich gute Nacht. Das Rehornmassiv ist der östlichste Winkel des Riesengebirgsnationalparks.

DIE WANDERUNG IN KÜRZE

+ Anspruch

4 Std. Gehzeit

18 km Länge

Charakter: Streckenwanderung auf meist bequemen Wegen, längerer steiler Abstieg von der Rehornbaude nach Marschendorf

Markierung: rote Querbalken bis zur Rehornbaude, Abstieg nach Marschendorf gelb

Wanderkarte: Riesengebirge Krkonoše 1 : 50 000, VKÚ Harmanec Nr. 22

Einkehrmöglichkeiten: Pomezní boudy, hostinec Sokolí boudy in Dolní Malá Úpa, Imbiss in Horní Albeřice, Rýchorska bouda (außer Montag und Dienstag 10–16 Uhr), Hotels und Gaststuben in Horní Maršov

Anfahrt: Busse aus Trutnov. **PKW-**Anreise über die Hauptstraße Liberec–Trutnov Nr. 14, ab Mladé Buky Nebenstraße Nr. 296.

Aus Polen von Jelenia Góra auf der Hauptstraße Nr. 367 nach Kowary, weiter Richtung Kamienna Góra/Wałbrzych. Auf dem Schmiedeberger Pass/Rozdroże Kowarskie auf die Nebenstraße Nr. 368 zu den Grenzbauden/Przełęcz Okraj abbiegen (Grenzübergang nach Böhmen). Nahe der Grenze auf böhmischer Seite zwei kostenlose Parkplätze.

Rückfahrt: Bus aus Vrchlabí über Horní Maršov nach Horní Malá Úpa, Fahrzeit ca. 30 Min., Fahrplaninfos: www.bus-vlak.cz

Höhle in Horní Albeřice: Infos über Veselý výlet in Horní Maršov, Tel./Fax: 00420/439/874298, E-Mail: veselyvylet@mbox.vol.cz

Von der Bushaltestelle in Ober Klein-Aupa/**Horní Malá Úpa** gehen wir bis zur Pension Družba etwa 50 m die Straße bergauf. Hier biegen wir nach rechts auf die rote Markierung ab. Bis 1918 hieß die Pension nach dem österreichischen Kaiser Franz-Joseph-Baude, danach bis 1945 Tippeltbaude. Der Weg führt etwa 300 m über eine Wiese, an der Straße halten wir uns rechts. An den Neuhäusern (Nové Domky) entlang-

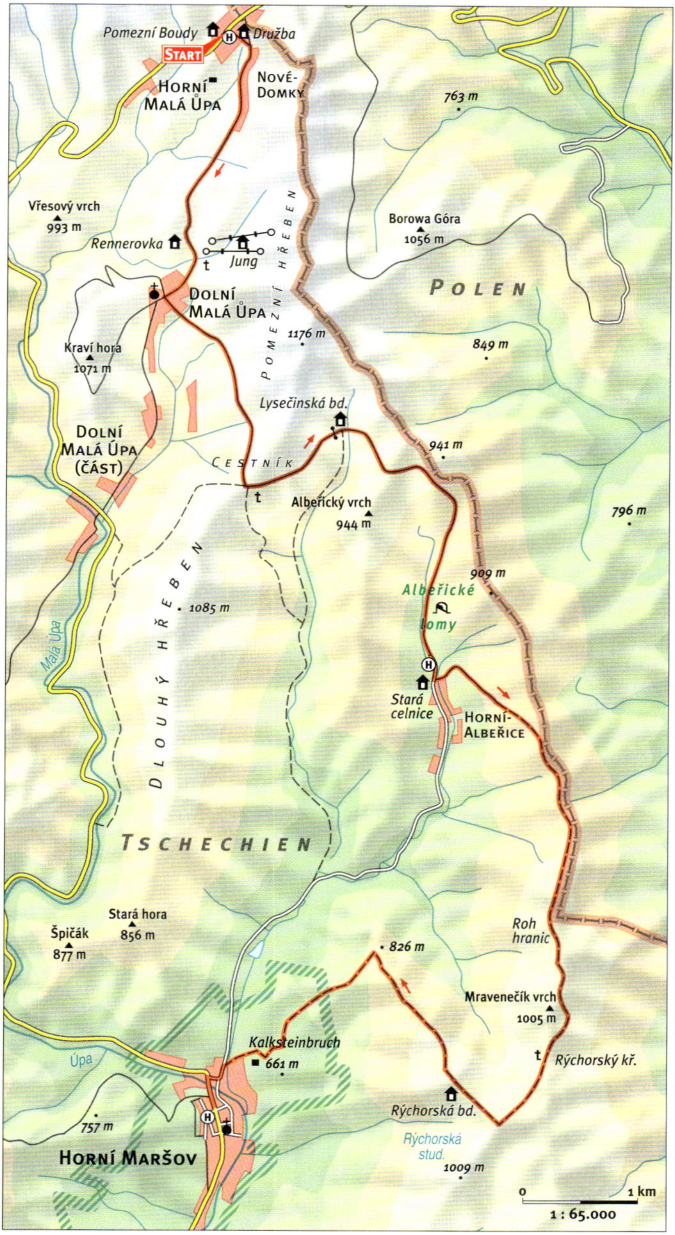

Pomezní Boudy
Družba
START
Horní Malá Úpa
Nové-Domky
763 m
Vřesový vrch
993 m
Borowa Góra
1056 m
Rennerovka
Jung
Pomezní hřeben
Dolní Malá Úpa
Polen
1176 m
849 m
Kraví hora
1071 m
Lysečinská bd.
Dolní Malá Úpa (část)
Cestník
941 m
Albeřický vrch
944 m
796 m
Dlouhý hřeben
1085 m
909 m
Albeřické lomy
Malá Úpa
Stará celnice
Horní-Albeřice
Tschechien
Roh hranic
Stará hora
856 m
Špičák
877 m
826 m
Mravenečík vrch
1005 m
Kalksteinbruch
661 m
Úpa
Rýchorský kř.
Rýchorská bd.
757 m
Horní Maršov
Rýchorská stud.
1009 m
0
1 km
1 : 65.000

gehend, sehen wir rechts Schwarze Koppe, Schneekoppe und die verstreut liegenden Bauden von Ober Klein-Aupa. Nach etwa 2 km erreichen wir Fichtenwald. Gegenüber vom Skihang mit Schlepplift befindet sich die hübsche Rennerbaude (Rennerovka). An der Brücke über den Rennerbach (Rennerův potok) steht links ein Marterl, gestiftet von Theresia Hofer aus Klein-Aupa Nr. 73. Schon von weitem leuchtet das rote Dach der Kirche St. Peter und Paul in Nieder Klein-Aupa/**Dolní Malá Úpa** (45 Min.). Gegenüber der Kirche steht eine Nepomuksäule von 1859. Hier am Wegweiser Malá Úpa kostel und an der nächsten Gabelung (Malá Úpa Hajovna) biegen wir links ab. Rechts bieten sich immer wieder schöne Ausblicke zur Schneekoppe. An der **Wegespinne Cestník** (1 Std.) folgen wir in einer leichten Linkskurve dem asphaltierten Hauptweg, 100 m weiter befindet sich rechts ein Rastplatz mit Ausblick zum Rehorn (Rýchory). Kurz hinter einer Schranke, die Motorfahrzeugen die Weiterfahrt versperrt, haben wir die täglich geöffnete Kolbenkammbaude/**Lysečinská bouda** erreicht (1.15 Std.). Wir kommen durch Fichten-, Lärchen- und Birkenmischwald. Nahe der tschechisch-polnischen Grenze, die hier nur durch weiße Grenzsteine mit roten Kappen markiert ist, lässt sich am Horizont kurze Zeit das Habichtsgebirge (Jestřebí hory) ausmachen. Von den grünen Zeichen lassen wir uns nicht irritieren (es ist die Markierung des polnischen Wanderweges, der bald wieder nach links abbiegt), sondern halten uns weiter an die roten Querbalkenmarkierungen. Nach einer weit ausholenden Rechtskurve tauchen die ersten Häuser von Ober-Albendorf (Horní Albeřice) auf; die ausgeprägte Streusiedlung erscheint weltverlassen. Vor dem hübschen Haus Nr. 18 steht links ein Marterl. Wenig später erreichen wir das Naturschutzgebiet Albendorfer Kalksteinbrüche (Albeřické lomy). Hier blühen im Frühjahr der weiße Krokus und der Heuffel-Krokus, in den Wänden nisten seltene Vögel. Links blieben die Reste eines alten Kalkbrennofens erhalten. Weiter unterhalb können wir rechts auf einem Rastplatz verweilen oder im nahen Restaurant Vápenka einkehren. Nach 2 Std. ist die **Bushaltestelle in Horní Albeřice** erreicht.

An der Straße befinden sich der Imbiss Zastavka U Marku und unterhalb das Hotel Altes Zollhaus (Stará celnice). Gegenüber vom Imbiss biegen wir nach links auf den Schotterweg ab, der sanft bergan führt. Jetzt befinden wir uns auf der Alten Zollstraße (Stará celní cesta), einst ein so wichtiger Handelsweg zwischen Böhmen und Schlesien, dass in Ober-Albendorf eigens ein Zollamt

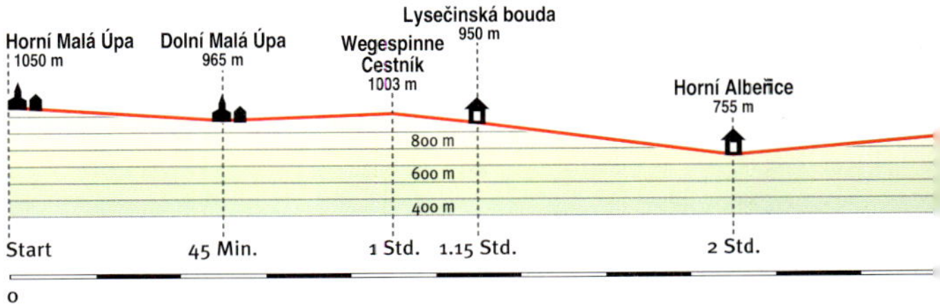

In Ober-Albendorf

errichtet wurde. Links befindet sich ein ehemaliger Kalksteinbruch, oberhalb liegen die Eingänge zu zwei weiteren Höhlen (Krakonošova a Solní jeskyně). Rechts schauen wir auf Ober-Albendorf mit malerischen Baumreihen an den Hängen.

Entlang der tschechisch-polnischen Grenze verläuft der Weg längere Zeit auf gleichem Niveau. Im Rückblick zeigt sich die mächtige Schwarze Koppe (Svorová hora), bevor wir kurze Zeit später den Hochwald erreichen. Etwa 1 km hinter dem Grenzeck (Roh hranic) bietet sich links ein weiter Blick nach Polen mit der Bobertalsperre.

Das barocke Rehornkreuz/ **Rýchorský kříž** (3 Std.) ist eine kunstvolle Arbeit mit Marienbildnis, jüngst von einem einheimischen Steinmetzen mit finanzieller Hilfe Sudetendeutscher restauriert. 1804 ließ es Hufschmied Josef Poltz aus Dankbarkeit für einen positiven Richterspruch aufstellen.

Entlang der Rehornwiesen geht es sanft bergan, den Ausblick begrenzt der Riesengebirgshauptkamm mit Schneekoppe, rechts erkennt man die Grenzbauden (Pomezní boudy) in Ober Klein-Apa – Start unserer Tour. An der Wegkreuzung Kutna-Rýchory biegen wir nach rechts auf die gelbe Markierung ab. In der Re-

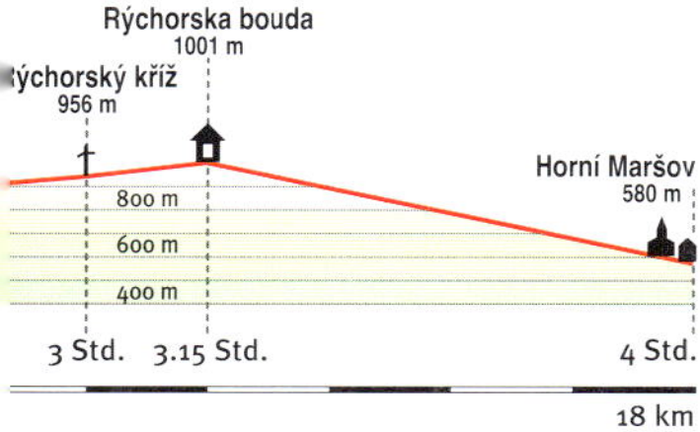

hornbaude/**Rýchorská bouda** (3.15 Std.) befindet sich heute außer dem Imbissraum eine Ökologische Schule des Riesengebirgsnationalparks. 300 m unterhalb der Rehornbaude sprudelt der Rehornbrunnen (Rýchorská studánka), eine Trinkwasserquelle (Abstecher auf grün).

Auf dem benachbarten Felsvorsprung neben der Rehornbaude stand einst die Maxhütte, deren Fundament heute als Aussichtplattform für einen Rundblick auf das Ostriesengebirge dient.

Gleich nach der Rehornbaude tauchen wir wieder in den Fichtenhochwald ein, der weiter gelb markierte Weg führt steil bergab, das letzte Stück verläuft über Wiesen. Kurz vor dem Ziel liegt links ein verlassener Kalksteinbruch.

Bevor wir die Aupa (Úpa) überqueren, kommen wir am Gemeindeamt, einem Jugendstilbau, vorbei; davor steht eine Statue der Gerechtigkeit aus der berühmten Steinmetzschule in Horschitz (Hořice). Hinter der Aupabrücke gehen wir links etwa 100 m auf der Hauptstraße bis zur Bushaltestelle **Horní Maršov** (4 Std.).

Bis der Retourbus nach Horní Malá Úpa kommt, können wir uns die neugotische Kirche Mariä Himmelfahrt anschauen. Der Klinkersteinbau steht etwa 200 m entfernt an der Hauptstraße. Der Architekt Josef Schulz lieferte die Pläne 1885, zuvor hatte er seine Meisterschaft bereits am Nationalmuseum und -theater sowie am Rudolfinum in Prag bewiesen.

St. Peter und Paul in Nieder Klein-Aupa

Glaubt man den Erzählungen, so ist das spätbarocke Gotteshaus dem Mut eines kleinen Mädchens zu verdanken. Während einer Visite in Klein-Aupa interessierte sich der österreichische Thronfolger Joseph II. für die Verdienstquellen seiner Untertanen, doch keiner beantwortete die heikle Frage. Erst als der angehende Monarch versprach, einen Wunsch zu erfüllen, plapperte das Mädchen los: Die Leute schmuggeln Kaffee, Schnaps, Tabak und Zucker nach Preußen. Als Franz Joseph die Kaiserkrone trug, hielt der Regent sein einstiges Wort: Klein-Aupa bekam seine Kirche – aber ein Zollamt noch dazu. An den spendablen Habsburger erinnert heute noch das Kaiserwappen über dem Altargewölbe. Bei einem Blick auf den angrenzenden Friedhof verdient die Grabkammer der Familie Scholz (1830–1925) Aufmerksamkeit: Geschaffen wurde sie von Emil Schwandtner, einem Denkmalgestalter europäischen Ranges, der auch am Völkerschlachtdenkmal in Leipzig mitarbeitete.

Albendorfer Kalksteinbrüche

Unterirdisch verstecken sich mehrere Höhlen mit bunten Tropfsteinen und Karstseen. Speläologen sind begeistert und zählen sie zu den schönsten auf der Welt! Lange Zeit vergessen, wurden sie erst Ende der 1960er Jahre wieder entdeckt. Besichtigungen auf eigene Faust sind verboten und lebensgefährlich. Interessenten können sich aber in Begleitung eines Höhlenführers näher umschauen.

Dramatische Ansichten

Vom Reifträger durch die Schneegruben

Die Schneegruben sind das botanische und geologische Juwel des schlesischen Riesengebirges, geprägt von einstigen Gletschern. Nirgends sonst macht das Gebirge seinem Namen solche Ehre: Wahrlich riesenhafte Perspektiven belohnen den beschwerlichen Gang.

DIE WANDERUNG IN KÜRZE

+++ Anspruch

5 Std. Gehzeit

13 km Länge

Charakter: Rundwanderung auf sehr steinigen Wegen, längerer Aufstieg von den Schneegruben zur ehemaligen Schneegrubenbaude

Wanderkarte: Karkonosze 1 : 25 000, Verlag Plan, Jelenia Góra

Einkehrmöglichkeiten: Reifträgerbaude, Alte Schlesische Baude

Anfahrt: **Busse** und **Bahn** von Jelenia Góra nach Szklarska Poręba. **PKW**-Anreise aus Tschechien über die E 65 (Grenzübergang Harrachov–Jakuszyce). Aus dem Großraum Berlin über die A 13 und A 15 (Grenzübergang Forst–Olszyna) auf der E 36 bis zum Abzweig Bolesławiec, weiter auf der Nebenstraße Nr. 297 nach Jelenia Góra und über die E 65 nach Szklarska Poręba. Aus Richtung Dresden über Bautzen auf der A 4 zum Grenzübergang Ludwigsdorf–Jędrzychowice, weiter auf der Hauptstraße Nr. 30 nach Jelenia Góra und auf der E 65 nach Szklarska Poręba. Kostenpflichtige Parkplätze am Busbahnhof sowie unterhalb der Sessellift-Talstation.

Sessellift Szklarska Poręba–Szrenica: 9–16 Uhr

Von der **Bergstation** des Sessellifts aus Oberschreiberhau **(Szklarska Poręba-Górna)** gehen wir den schwarz markierten Weg hinauf zur Reifträgerbaude/**Szrenica** (5 Min.). Als Nationalisten in der jungen ČSR dem deutschen Pächter der Wosseckerbaude (s. Tour 2, S. 21) unter fadenscheinigen Vorwürfen den Gewerbeschein entzogen und mit Gefängnis drohten, flüchtete der Bedrängte ins benachbarte Schlesien. In Sichtweite wurde auf dem nur einen Kilometer entfernten Reifträger mit Hilfe der Sudetendeutschen aus Böhmen 1921/22 eine neue Baude errichtet, Pächter wurde Herr Engler. Nach einem Brand 1968 dauerte der Wiederaufbau über zwei Jahrzehnte – 1992 öffneten sich die Türen der ersten privat bewirtschafteten Baude im schlesischen Riesengebirge. Gemütliche Zimmer befinden sich in den oberen Stockwerken und gewähren eine fantastische Aussicht. Die selbst gebackenen Ku-

Große Schneegrube

chen des Hauses sind weithin bekannt.

Wir gehen die mit Granitsteinen verlegte Straße hinunter, vor der ersten Kurve biegen wir links auf den steinigen, mit Holzstangen markierten Pfad ab. Über die großflächigen Latschenkiefern ragen rechts die Sausteine (Trzy Świnki) empor. Nach 10 Min. treffen wir auf den Abzweig Trzy Świnki am Hauptkammweg. Wir folgen ihm links bis zum Abzweig Mokra Przełęcz. Hier biegen wir nach links ab (grüne Markierung), Richtung Reservace Śnieżne kotły. Auf Bretterstegen überqueren wir das Moor Schlesisch Börnel (Szrenickie Mokradła). Links unten im Tal sieht man die verstreut liegenden Häuser von Schreiberhau. Am **Wegweiser** oberhalb der Alten Schlesischen Baude/**Pod Łabskim Szczytem** (45 Min.) biegen wir nach rechts ab, weiter der grünen Markierung folgend. Ein kurzes Stück laufen wir durch abgestorbenen Hochwald, dann bestimmen wieder Latschenkiefern das Bild. Granitblöcke und lose Steine erschweren das Vorankommen. Viele Steine sind von der graugrünen Landkartenflechte überzogen. Kurz bevor wir die Kleine Schneegrube (Mały Śnieżny Kocioł) erreichen, lassen die Latschenkiefern gerade noch Platz für einen Wanderer.

Während der Eiszeit sammelten sich die Schneemassen an dieser Stelle zu Inlandsgletschern, die

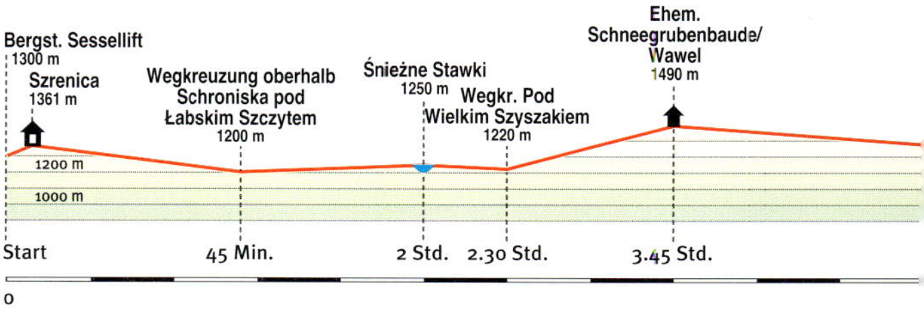

beide Gruben (Kare) modellierten. Die Endmoränen der Gletscher sind noch vorhanden; wir werden sie später aus der Vogelperspektive gut sehen können.

Nirgendwo im Gebirge finden sich mehr botanische Schätze als im Gletscherkar Kleine Schneegrube. Der Schnee-Steinbrech hat hier sein einziges Refugium in Mitteleuropa. Erst in den Bergen von Wales und Schottland finden sich weitere Verwandte. Auch Stumpfblättriges Mannsschild und Moschus-Steinbrech zählen zu den Raritäten. Im Juli entfaltet der Alpen-Milchlattich eine unübersehbar violette Blütenpracht, oft in reizvollem Kontrast zu den verbliebenen Schneeresten (s. S. 8). An der dunklen Färbung des Gesteins erkennt man die höchstgelegene Basaltader Mitteleuropas, die in der Kleinen Schneegrube bis 1425 m zu Tage tritt. In der Großen Schneegrube (Wielki Śnieżny Kocioł) eröffnet sich eine noch eindrucksvollere Felsenkulisse, die Wände ragen bis zu 215 m steil empor. Links des Pfades gelangen wir über große Granitblöcke an das kristallklare Wasser eines der beiden Kochelteiche/**Śnieżne Stawki** (2 Std.).

Weiter oberhalb kommen wir in abgestorbenen Hochwald. Die in der Sonne silbern schimmernden Baumskelette wirken in ihrer Formenvielfalt fantastisch, bei Nebel auch gespenstisch. An der **Wegkreuzung Pod Wielkim Szyszakiem** (2.30 Std.) nehmen wir den blau markierten Pfad nach rechts bergan, Richtung Przełęcz pod Śmielcem. Der obere Wegabschnitt zum Kamm verläuft auf Kehren über eine Wiese mit schönem Ausblick. Auf dem Kamm biegen wir rechts auf den rot markierten Hauptweg ab. Über ein großes Blockmeer auf der Nordflanke des Hohen Rades (Wielki Szyszak) führen uns sorgfältig verlegte Granitsteine zügig an den oberen

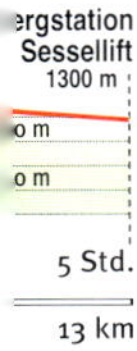

Am Kochelteich

Felsabbruch der Schneegruben. Mehrere Aussichtskanzeln ermöglichen den Einblick in die beiden Schneegruben, zu sehen sind auch die blau schimmernden Kochelteiche. In sicherem Abstand zur Abbruchkante führt der rot markierte Weg zur ehemaligen Schneegrubenbaude/**Wawel**, seit 1961 TV-Station und für Wanderer unzugänglich (3.45 Std.). Die Felsen davor heißen Rübezahlkanzel (Czarcia Ambona), wo wir ein windgeschütztes Plätzchen für eine Brotzeit finden. Auf dem Hauptkamm wandern wir weiter zur Veilchenspitze (Łabski Szczyt). Durch Verwitterung wurde das Felsgestein größtenteils in ein Blockmeer und sogenannte Wollsäcke verwandelt; hier fühlen sich Flechten wohl. Der Felshügel am steilen Nordabfall des Hauptkamms erhielt seinen Namen, weil manche Steine hier bei Nässe einen Veilchenduft verströmen. Diesen Geruch erzeugt die Bergalge Trentepholia iolithus, die mancherorts einen rotbraunen Belag gebildet hat. Diese »Duftsteine« aus dem Riesengebirge waren übrigens auch Bestandteil der berühmten Gesteinssammlung von Geheimrat Goethe.

Auf der linken Seite schauen wir in den Elbgrund und zu den Elbwiesen. Die Form der Quargsteine (Tvarożnik) erinnert daran, dass viele Bauden früher für die Herstellung von Quargeln (Käse) bekannt waren, die Felsen ähneln deren Form. Unterhalb befindet sich ein Fußgängergrenzübergang nach Böhmen (Wossekerbaude/Vosecká bouda), wir gehen weiter geradeaus auf die vor uns liegenden Sausteine zu. Ganz aus der Nähe betrachtet, ähneln einige Felsabschnitte wahrhaftigen Schweinsgesichtern. 1871 wurde an den Granitfelsen der Pächter der Wossekerbaude ermordet, der Täter nie gefunden. Wir laufen weiter bis zum Abzweig Grenzwiese (Graniczna Łąka) und biegen hier (schwarze Markierung) rechts ab, hinauf zur Reifträgerbaude und der etwas unterhalb liegenden **Bergstation** des Sessellifts (5 Std.).

Rund um Schreiberhau

Von Oberschreiberhau zu Zuckerschale und Kochelfall
Auf dieser leicht zu bewältigenden Rundtour lernen wir zwei beliebte Ausflugsziele von Schreiberhau kennen. Beim Gang durch die weit verstreuten Stadtteile entdecken wir unterchiedliche Landschaftsbilder.

DIE WANDERUNG IN KÜRZE

+ Anspruch

2.15 Std. Gehzeit

9 km Länge

Charakter: Leichte Rundwanderung, meist bequeme Wege

Wanderkarte: Karkonosze 1 : 25 000, Verlag Plan, Jelenia Góra

Einkehrmöglichkeiten: Imbiss in der Kochelfallbaude, Restaurants in Szklarska Poręba. Tipp: Restaurant Kaijó (Di–Fr 14–21 Uhr, Sa/So 12–21 Uhr, außerhalb der Saison nur Fr 14–20 Uhr, Sa/So 12–20 Uhr).

Anfahrt: Busse und **Bahn** von Jelenia Góra nach Szklarska Poręba. **PKW-**Anreise aus Tschechien über die E 65 (Grenzübergang Harrachov–Jakuszyce). Aus dem Großraum Berlin über die A 13 und A 15 (Grenzübergang Forst–Olszyna) auf der E 36 bis zum Abzweig Bolesławiec, weiter auf der Nebenstraße Nr. 297 nach Jelenia Góra und über die E 65 nach Szklarska Poręba. Aus Richtung Dresden über Bautzen auf der A 4 zum Grenzübergang Ludwigsdorf–Jędrzychowice, weiter auf der Hauptstraße Nr. 30 nach Jelenia Góra und auf der E 65 nach Szklarska Poręba. Kostenpflichtiger Parkplatz gegenüber vom Busbahnhof.

Wir starten am **Wegweiser** gegenüber der Touristeninformation in **Oberschreiberhau (Szklarska Poręba-Górna)** und folgen den blauen Querbalken bis Niederschreiberhau (Szklarska Poręba-Dolna).

Hier, vor der Gabelung der Straßen nach Jakobsthal/Jakuszyce und Bad Flinsberg/Świeradów Zdrój, gehen wir an der Tafel mit dem Stadtplan rechts und folgen den blauen Markierungsbalken Richtung Talbahnhof (Dolna PKP). Anfangs führt uns der Asphaltweg (ulica W. Pstrowskiego) vorbei an alten Villen, einem Spielplatz und durch eine Gartenanlage mit dem einst vornehmen Restaurant Esplanada. Wir kommen in ein Buchenwäldchen und gehen auf das leuchtend rote Dach zu. Am Wege-T vor dem Haus mit der grellen Dachfarbe biegen wir links ab. Vorbei an den Häusern Iwona und Hubertus gelangen wir zum Gymnasium, wo wir uns am Wege-T links halten. Am Platz vor der Kirche

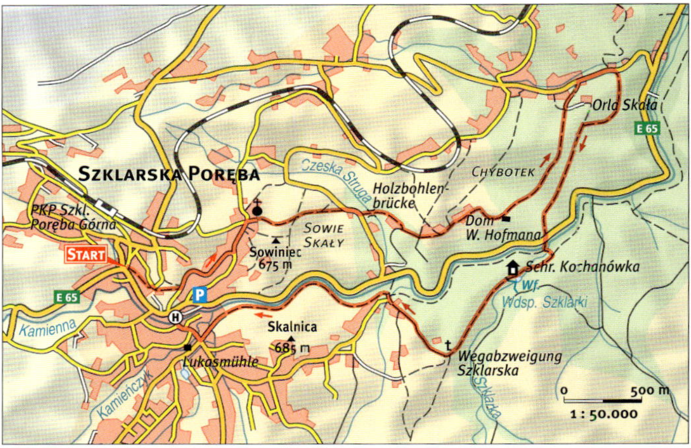

folgen wir dem unscheinbaren Pfad nach rechts in den Wald hinein. Das neoromanische Gotteshaus am Eulenberg (Sowiniec) wurde 1884–86 erbaut. Auf dem Kamm des Eulenberges erreichen wir die Eulensteine/**Sowie Skały** (15 Min.) mit zwei markanten Granitfelsgruppen. Hier biegen wir nach links auf einen steinigen Pfad ab, auf dem auch viele Baumwurzeln herausschauen. Am Maschendrahtzaum halten wir uns rechts an einen Wiesenpfad und gelangen auf eine Straße. Wo der Asphalt sich nach rechts wendet, gehen wir den Pfad geradeaus bergab. Wir überqueren den Bach Böhmische Furt/**Czeska Struga** (30 Min.) auf einer Holzbohlenbrücke, kurz danach ein zweites Bächlein. Über die Wiesen bietet sich ein schöner Ausblick zum Riesengebirgshauptkamm. Im schwarz gestrichenen Holzhaus in der ulica J. Matejki 23 wohnte der Maler Wlastimil Hofman (1881–1970). Er lebte hier von 1947 bis zu seinem Tod. Im Haus ist eine kleine Bildergalerie mit Hofmans Werken zu besichtigen.

Durch Hochwald erreichen wir den Fels Rübezahls Grab (Grób Karkonosza), durch eine Talsenke wenig später die Zuckerschale/**Chybotek** (45 Min.). Die Zuckerschale, etwa 50 m abseits des Weges, ist ein sogenannter Wackelstein: Der obere Granitstein mit einem Durchmesser von 4 m ruht nur auf einer kleinen Fläche auf. Bereits eine Person kann den Fels in leichte Schwingungen

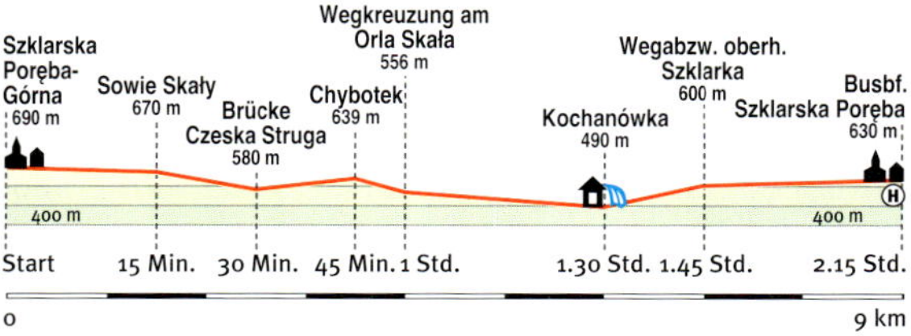

Im Kocheltal

versetzen. Das ist für den Akteur zwar kaum fühlbar, aber an zwei oft wassergefüllten Vertiefungen im Gestein gut zu erkennen. Zuschauer können die Bewegung des außergewöhnlichen Steins deutlich sehen. Der Hochwald öffnet sich wenig später, und wir erreichen Niederschreiberhau (Szklarska Poręba-Dolna). Im Rückblick zeigt sich der Riesengebirgshauptkamm mit der ehemaligen Schneegrubenbaude. An der **Wegkreuzung** beim Adlerfels/**Orla Skała** (1 Std.), gleich hinter dem Wohnhaus ulica Orla Skała 1, führt der blau markierte Weg nach links, wir aber gehen geradeaus den Asphaltweg hinunter, vorbei an der hübschen katholischen Kirche. Der Adlerfels steht auf privatem Grund und ist leider nicht zugänglich (Warnschilder: Vorsicht Hunde!), deshalb müssen wir den Hügel umgehen. Am Straßen-T biegen wir rechts ab. Am Haus ulica Wiejska 2 verlassen wir die Hauptstraße und steigen nach rechts den Hang hinauf. Oberhalb orientieren wir uns an den schwarzen Markierungsbalken. Durch reizvollen Mischwald mit stattlichen alten Buchen gelangen wir bergab an die Hauptstraße E 65 Hirschberg (Jelenia Góra)–Schreiberhau (Szklarska Poręba)–Jakobsthal (Jakuszyce).

An der Hauptstraße mit Parkplatz befinden sich einige Verkaufsstände mit Glaswaren, Holzschnitzereien und allerlei Andenken. Nach dem Überqueren der Straße, des Großen Zackens (Kamienna) und der Kochel (Szklarska) folgt der schwarz-blau markierte Weg der Kochel bergan durch prächtigen Buchenwald, flankiert von zahlreichen Felsen. Die Kochelfallbaude/**Kochanówka** (1.30 Std.) hat ihr ursprüngliches Aussehen aus den 1860er Jahren kaum verändert. Der benachbarte Kochelfall (Wodospad Szklarki) ist zwar nur 13 m hoch, wirkt aber in der Felskulisse sehr malerisch. Um die Naturschönheiten rund um den Kochelfall zu schützen, wurde das Gebiet zu einer Exklave des Riesengebirgsnationalparks erklärt.

Hinter der Baude führen Stufen nach oben, wir folgen weiter der schwarzen Querbalkenmarkierung. Oberhalb des Falls tanzt das Wasser eilig um bemooste Felsblöcke im Bachbett. Reichlich 10 Min. bleibt die Kochel unser Begleiter, dann steigen wir nach rechts einen Hang hinauf. Am Wegabzweig oberhalb der Kochelhäuser/**Szklarka** (1.45 Std.) wenden wir uns nach rechts, jetzt der Radroute Nr. 3 folgend. Schon nach ca. 50 m sehen wir auch die schwarzen Markierungsbalken wieder. Am Wege-T, etwa 5 Min. später, verlassen wir die schwarz gekennzeichnete Route und gehen rechts bergab. An der nächsten Gabelung halten wir uns geradeaus Richtung Hauptstraße weiter bergab. Kurz vor der E 65 treffen wir auf die grüne Markierung und folgen dieser nach links. Der schmale Hangweg verläuft parallel zum Großen Zacken und der Hauptstraße durch schönen Mischwald. Unter uns brausen das Wasser und der Straßenverkehr. Am Klärwerk und zwei Felsgruppen erreichen wir Oberschreiberhau, wo wir der Straße ulica B. Prusa folgen. An der Straßenkreuzung nahe der St.-Lukas-Mühle (Młyn Św. Łukasza) halten wir uns rechts. Die Hauptstraße entlang, überqueren wir die Bäche Zackerle (Kamieńczyk) und Großer Zacken (Kamienna), an der zweiten Brücke biegen wir rechts ab und beenden die Tour am **Busbahnhof Szklarska Poręba** (2.15 Std.).

Vegetarische Genüsse

Nahe dem Busbahnhof an der Hauptstraße (ulica Franciszkańska 2 a) lädt das wohl beste vegetarische Restaurant Polens ein: In der Restauracja Kaijó genießen die Besucher fleischlose Spezialitäten aus Japan. Der Kellner spricht fließend Deutsch und erklärt gern die einzelnen Zutaten. Das nächste Restaurant mit gleichwertiger Qualität vegetarischer Speisen findet man erst wieder in Berlin.

Aussicht von der Todeskurve

Von Oberschreiberhau auf den Hochstein und über die Todeskurve

Die Wanderung führt schnurstracks zum schönsten Aussichtspunkt über Schreiberhau. Hier genießen wir aus der Vogelperspektive eine komplette Ansicht des Riesengebirgshauptkammes. Die berüchtigte Todeskurve ist Teil eines unvollendeten Straßenbauprojektes aus den 1930er Jahren.

DIE WANDERUNG IN KÜRZE

+ Anspruch

2.30 Std. Gehzeit

9 km Länge

Charakter: Leichte Rundwanderung auf meist bequemen Wegen, zum Teil auf Asphalt

Wanderkarte: Karkonosze 1 : 25 000, Verlag Plan, Jelenia Góra

Einkehrmöglichkeiten: Imbiss auf dem Hochstein und Restaurants in Szklarska Poręba

Anfahrt: Busse und **Bahn** von Jelenia Góra nach Szklarska Poręba. **PKW-**Anreise aus Tschechien über die E 65 (Grenzübergang Harrachov–Jakuszyce). Aus dem Großraum Berlin über die A 13 und A 15 (Grenzübergang Forst–Olszyna) auf der E 36 bis zum Abzweig Bolesławiec, weiter auf der Nebenstraße Nr. 297 nach Jelenia Góra und über die E 65 nach Szklarska Poręba. Aus Richtung Dresden über Bautzen auf der A 4 zum Grenzübergang Ludwigsdorf–Jędrzychowice, weiter auf der Hauptstraße Nr. 30 nach Jelenia Góra und auf der E 65 nach Szklarska Poręba. Kostenpflichtiger Parkplatz gegenüber vom Busbahnhof.

Wir starten am **Wegweiser** gegenüber der Touristeninformation in Oberschreiberhau/**Szklarska Poręba-Górna;** bis zum Hochstein/Wysoki Kamień werden wir der roten Querbalkenmarkierung folgen.

Vor der Gabelung der Straßen nach Jakobsthal/Jakuszyce und Bad Flinsberg/Świeradów Zdrój gehen wir rechts den kleingepflasterten Weg bergauf . Nach dem Überqueren der Straße (Richtung Świeradów Zdrój) führt der Weg durch eine kleine Grünanlage. Über einen schmalen Asphaltweg erreichen wir nochmals die Straße, gehen über die Kreuzung und durch den Straßentunnel. Etwa 50 m weiter biegen wir links ab und streifen das Bahnhofsgelände Szklarska Poręba-Górna. Wo der Fichtenhochwald beginnt, sind bald die Weißbachsteine (Białe Skały) zu sehen. Weiter bergauf erreichen wir eine große Lichtung, wo sich der Waldpfad in einen Asphaltweg wandelt. Am Wege-T biegen wir links ab, dann gleich rechts. Wir steigen stetig bergauf und kommen schließlich an die Wegkreuzung unter dem Hochstein/**Rozdroże pod**

Wysokim Kamieniem (30 Min.), wo wir weiter geradeaus gehen.

Beim Abzweig nahe des Hochsteins gehen wir links, Stufen führen zum Gipfel des Hochsteins/**Wysoki Kamień** (1 Std.). Der Hausberg von Schreiberhau zählt bereits zum Isergebirge und befindet sich auf dem Hohen Iserkamm (Wysoki Grzbiet). Auf dem Gipfelplateau erheben sich malerische Granitfelsen. Von hier bietet sich die wohl schönste Aussicht auf den gesamten Riesengebirgshauptkamm von der schlesischen Seite. Im Tal liegt die weit verstreute Stadt Schreiberhau, aus der Vogelperspektive besonders gut zu erkennen. Auch die Kämme und Hochflächen des Isergebirges sind zu überblicken. Auf dem Hohen Iserkamm, drei Kilometer nach Westen, befindet sich der berühmte Steinbruch Weißer Flins (Izerskie Garby). Aus dem hier gebrochenen Quarz wird Silizium mit einer Reinheit von 99 % gewonnen, ein begehrter Grundstoff für die Herstellung von Glas und Spezialstählen.

1963 wurden Hochsteinbaude und Turm abgerissen, gegenwärtig entsteht ein neues Gebäude. Ein Kiosk versorgt Gipfelstürmer bei schönem Wetter bereits mit Imbiss und Getränken.

Wir steigen vom Hochstein über die Stufen hinunter und biegen am Fahrweg links ab. Die etwa 300 m bis zum Abzweig kehren wir zurück, dann folgen wir dem gelb markierten Weg zur Todeskurve (Zakręt Śmierci) nach links. Der Schwarze Berg/**Czarna Góra** (1.30 Std.) ist ein unscheinbarer Gipfel mit zwei Granitfelsgruppen. Bergab geht es sich leicht auf dem grasigen Pfad durch jungen Mischwald. Motorengeräusche verraten, dass der Parkplatz an der Todeskurve/**Zakręt Śmierci** (1.45 Std.) bald erreicht ist.

An dieser Stelle verlassen wir die gelbe Markierung, um der Straße nach rechts zu folgen. Während wir die 180-Grad-Kurve durchlaufen, halten wir uns ganz links am Fahrbahnrand. Kein Zweifel, dass die Todeskurve ihren Namen zu Recht bekam. Die Straße zwischen Bad Flinsberg und Schreiberhau wurde 1937 eingeweiht. Sie war der erste Teilabschnitt einer geplanten Sudetenhochstraße, die die schlesischen Gebirge erschließen sollte. Der Krieg verhinderte die Vollendung.

Schade nur, dass die herrliche Aussicht auf die Berge, wie man sie noch bis Mitte der 1970er Jahre bewundern konnte, inzwischen längst zugewachsen ist. Nur noch vereinzelt lässt sich ein Blick auf den Riesengebirgshauptkamm erhaschen.

An der Bushaltestelle hinter der Kurve treffen wir auf schwarze Querbalken, die uns die Straße hinab begleiten. Mit der schwarz markierten Route biegen wir am **Restaurant Wzrok** (2.15 Std.) nach rechts ab. In der Straßenkurve nach der Einfahrt zum Ferienhaus Oko III verlassen wir

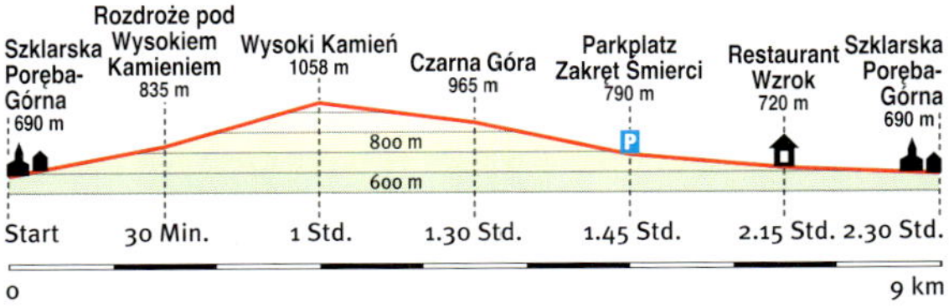

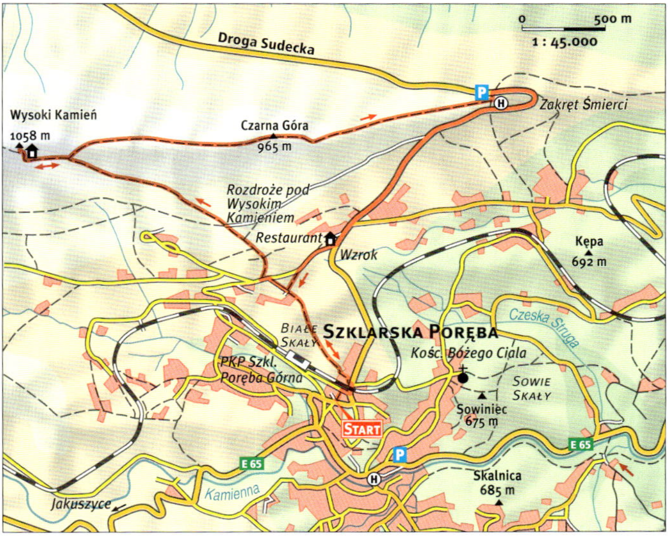

den Asphalt und gehen geradeaus auf einem unmarkierten Weg weiter. Nach 200 m treffen wir auf die rote Querbalkenmarkierung und halten uns an der Wegkreuzung links. Ab hier ist uns der Pfad vom Aufstieg her vertraut; leichtfüßig wandert sich der letzte Kilometer hinab nach **Szklarska Poręba-Górna** (2.30 Std.).

Schreiberhau (Szklarska Poręba)

Im Flusstal des Zackens (Kamienna) erstreckt sich das Berg- und Wintersportzentum Oberschreiberhau. Die anderen Stadtteile liegen weit verstreut. Einst war der Ort mit einer Gesamtfläche von 70 km² das größte Dorf Preußens und eins der beliebtesten Ferienziele Deutschlands: ein Idyll, das sogar den bayerischen Urlaubsorten Konkurrenz machte. Die High Society, vor allem aus Berlin, wählte den Ort als ihre zweite Heimat – vielleicht auch, um dem königlichen Regenten nah zu sein, der im schlesischen Riesengebirgsvorland mehrere Schlösser besaß. Unter den Gästen waren auch die Literaten Carl und Gerhart Hauptmann sowie Wilhelm Bölsche. Anfang des 20. Jh. brachte es die Künstlervereinigung St. Lukas in Oberschreiberhau zu Berühmtheit. Ihre Heimstatt fand die Boheme in der Lukasmühle (Młyn Św. Łukasza). Ihre Begründer und Mitglieder waren von der Schönheit der Landschaft begeistert, ähnlich wie andere Zeitgenossen in den Künstlerkolonien Dachau bei München und Worpswede bei Bremen.

Bis heute hat sich die Lukasmühle nahezu unverändert erhalten. Das Gebäude in der ul. 1 Maja 16 wird heute als Restaurant genutzt. Zur Zeit wächst in Szklarska Poręba eine neue Künstlergruppe heran. Ihr Schaffen orientiert sich an den reichen Traditionen, Hauptthema blieb die wundervolle Natur vor der Tür.

Durch den Friedhof der Bäume

Von Oberschreiberhau nach Jakobsthal

Die Wanderung führt zum höchsten Wasserfall des schlesischen Riesengebirges. Weiter oberhalb bieten sich Ausblicke auf Schreiberhau und das Isergebirge. Tote Bäume zwischen Grenzwiese und Mariafels mahnen zum verantwortungsvollen Umgang mit der Natur.

DIE WANDERUNG IN KÜRZE

+++
Anspruch

3.15 Std.
Gehzeit

11 km
Länge

Charakter: Schwere Streckenwanderung, anfangs Kopfsteinpflaster, später unwegsames Gelände. Nur bei trockener Witterung zu empfehlen!

Markierung: Anfangs rote, dann grüne Querbalken

Wanderkarte: Karkonosze 1 : 25 000, Verlag Plan, Jelenia Góra

Einkehrmöglichkeiten: Zackelfallbaude (10–18 Uhr), Neue Schlesische Baude (Imbiss 8–19 Uhr), Gasthäuser in Jakobsthal

Anfahrt: Busse und **Bahn** von Jelenia Góra nach Szklarska Poręba. **PKW-**Anreise aus Tschechien über die E 65 (Grenzübergang Harrachov–Jakuszyce). Aus dem Großraum Berlin über die A 13 und A 15 (Grenzübergang Forst–Olszyna) auf der E 36 bis zum Abzweig Bolesławiec, weiter auf der Nebenstraße Nr. 297 nach Jelenia Góra und über die E 65 nach Szklarska Poręba. Aus Richtung Dresden über Bautzen auf der A 4 zum Grenzübergang Ludwigsdorf–Jędrzychowice, weiter auf der Hauptstraße Nr. 30 nach Jelenia Góra und auf der E 65 nach Szklarska Poręba. Kostenpflichtiger Parkplatz gegenüber vom Busbahnhof. Weitere Parkmöglichkeit an der E 65 am Weg zum Zackelfall.

Rückfahrt: Bus von Jakuszyce nach Szklarska Poręba (10 Min.; Fahrplan in der Touristeninformation Szklarska Poręba)

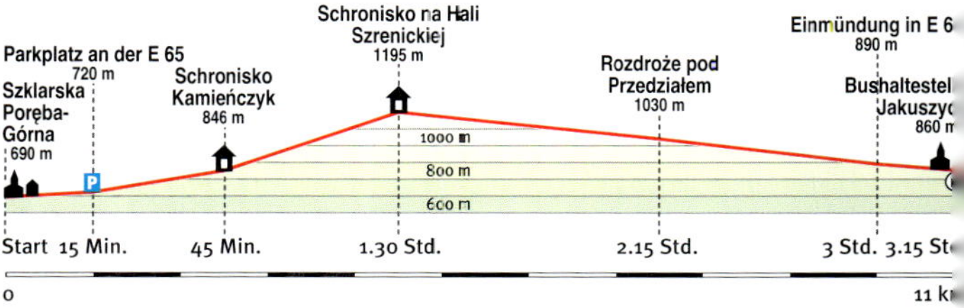

Neue Schlesische Baude

Wir starten am **Wegweiser** gegenüber der Touristeninformation in Oberschreiberhau/**Szklarska Poręba-Górna** und folgen zunächst der roten Querbalkenmarkierung – an sie werden wir uns eine ganze Weile, bis zur Grenzwiese (Hala Szrenicka), halten. An der Gabelung der Straßen nach Jakobsthal (Jakuszyce) und Bad Flinsberg (Świeradów Zdrój) gehen wir links und folgen anfangs der Europastraße 65. Nach 10 Min. biegen wir kurz vor der Bushaltestelle links auf einen Pfad ab, der vor der Brücke wieder in die E 65 mündet. Wir halten uns links und überqueren die Brücke. Die alten Fabrikgebäude sind die Reste der weltbekannten Josephinenhütte. Hier wurde das berühmte Glas geschmolzen, das anschließend in über 20 Schleifereien kunstvoll verarbeitet wurde. Die neuen Besitzer nach 1945 bewahrten die Tradition in der nunmehr in »Julia« umbenannten Glashütte. Anfang der 1990er Jahre wurde die Produktion in das benachbarte Petersdorf (Piechowice) verlagert. In Zukunft sollen die alten Mauern ein Glasmuseum beherbergen.

Vor der Rechtskurve der E 65 verlassen wir die Straße, um den Weg über den **Parkplatz** (15 Min.) weiter geradeaus im Fichtenhochwald fortzusetzen. Am Wege-T biegen wir rechts ab, dann behalten wir die Richtung bis zum Zackelfall (Wodospad Kamieńczyka) bei. Nun bereitet das Wandern Mühe: Der Weg ist unregelmäßig mit Natursteinen gepflastert. Was heute chaotisch erscheint, offenbart jedoch die Reste einer hohen Wegebaukunst unserer Vorfahren, nämlich den genialen Unterbau. Dieser schützt die Gebirgspfade bei Starkregen und Schneeschmelze vor Erosion. Die einstige Deckschicht wurde nach 1945 aber nicht mehr unterhalten und ist längst weggeschwemmt.

Kurz unterhalb der Zackelfallbaude liegt die Zackelklamm (Wąwóz Kamieńczyka). Hier grub sich die Zackel einen 100 m langen Felsdurchbruch mit bis zu 30 m hohen Wänden. Nach dem Entrichten einer Gebühr erhält man einen Schutzhelm und darf die eindrucksvolle Kulisse betreten. Der Zackelfall (Wodospad Kamieńczyka) schießt über drei Stufen insgesamt 27 m in die Tiefe und damit hält den Höhenrekord im schlesischen Riesengebirge. Außerdem wird dem Betrachter hier ein Lehrbeispiel für die Rückerosion eines Bergbachs und das Zurücksetzen der Wasserfallschwellen geboten.

Die alte Zackelfallbaude/**Schronisko Kamieńczyk** (45 Min.) ist 1981 abgebrannt und wurde inzwischen durch einen Neubau ersetzt. Neben der Baude befindet sich ein Gasthaus im Stil einer Räuberhütte (Szałas Sielanka) mit offenem Holzfeuer in der Mitte. An der Terrasse davor bietet sich ein Ausblick auf den Hohen Iserkamm mit dem Hochstein (Wysoki Kamień).

Am Wege-T oberhalb der Baude halten wir uns links. Hinter der Brücke über die Zackel steht ein Kassenhäuschen, bei dem man eine Eintrittsgebühr für den Nationalpark entrichtet. Ab hier führt ein breiter gepflasterter Fahrweg durch Fichtenwald bergan. Nach einer Viertelstunde gelangen wir an einen Rastplatz. Weiter auf Pflaster, erreichen wir die Neue Schlesische Baude/**Schronisko na Hali Szrenickiej** (1.30 Std.) auf der Grenzwiese (Hala Szrenicka) unterhalb des Reifträgers (Szrenica). Vor dem Zweiten Weltkrieg gab es hier ein luxuriöses Berghotel mit Schwimmhalle. Im Jahre 1976 brannte das Haus nieder; es wurde zwar eilig wieder aufgebaut, aber heute darf man nur noch Jugendherbergsniveau erwarten.

Aufgepasst: An der Baude wechseln wir auf den mit grünen Querbalken markierten Pfad; es ist ein unscheinbarer Wiesenpfad, auf den wir beim Bergaufgehen in Höhe der Baude gleich nach rechts abbiegen. Nachdem der Skilift unterquert ist, beginnt der Fichtenwald, wo wir die grünen Querbalkenmarkierungen an den Bäumen wiederfinden. Kurz darauf gehen wir über eine kleine Holzbrücke. Hier beginnt eine Zone toten Waldes; Schuld tragen ostdeutsche

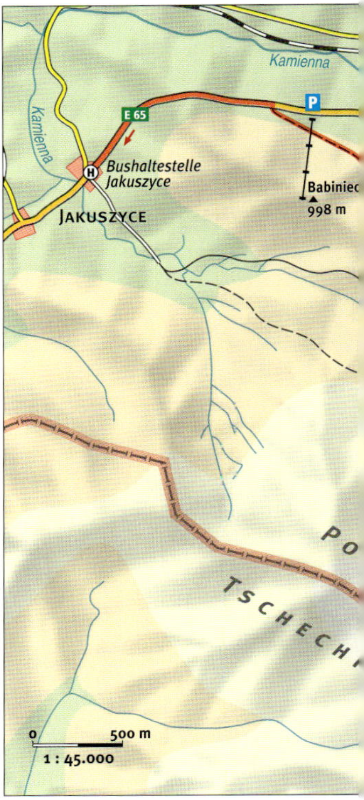

und polnische Kraftwerke, die ihren ungefilterten Rauch über Jahre in die Luft schleuderten. Saurer Regen hat hier ein Gesicht: Einerseits ist es ein gespenstischer Anblick, jede Baumleiche ein Mahnmal, andererseits leuchten die Relikte ohne Rinde silbern in der Sonne, jedes mit seinen feinen Strukturen fast ein Kunstwerk. Zu den wenigen Tieren, die vom sterbenden Wald profitieren, zählen Birkhuhn, Braunkehlchen und Wiesenpieper. Diese ansonsten in Mitteleuropa sehr seltenen Arten finden hier ideale Refugien. So hat sich der Bestand des Wiesenpiepers in den letzten Jahrzehnten um 300 % erhöht.

Auf dem leicht bergab führenden Pfad müssen wir uns immer wieder sehr konzentrieren: Nassstellen wechseln mit glitschigen Steinen oder wackligen Holzbohlen. Manchmal zwingen umgefallene Baumstämme zu Klettereinlagen oder kleinen Umwegen. Die Wegkreuzung/**Rozdroże pod Przedziałem** (2.15 Std) ist unscheinbar und mit keinem Hinweisschild versehen, hier gehen wir geradeaus. Wir erreichen eine Lichtung mit totem Wald, umgestürzte Bäume erschweren abermals das Fortkommen. Kurz vor dem Mariafels (Owcze Skały) macht der Pfad einen Knick nach rechts. Es folgt ein schwieriger Abstieg durch ein Bachbett, flankiert von jungem Fichtenwald. Nach 2.30 Std. verlassen wir das glitschige Terrain, die markierte Route wendet sich scharf nach links. Neue Schwierigkeiten stellen sich ein: Häufig verwehren Fichtenzweige den aufrechten Gang, dazu gesellen sich viele Nassflächen und Wurzeln. Erst kurz unterhalb des Weiberberges (Babiniec) verbreitert sich der Pfad zu einem Fahrweg. Bequem ist die Strecke bis zur **Einmündung in die E 65** (3 Std.) zu bewältigen. Zügig kommen wir auf dieser zumeist wenig befahrenen Straße voran und erreichen bald die **Bushaltestelle** Jakobsthal/**Jakuszyce** (3.15 Std.).

Tour 24

Zu Kunigunde und Hauptmann

Von Hermsdorf über den Kynast zum Haus Wiesenstein

Auf dem Kynast (Chojnik) thront die gleichnamige Burgruine, bei deren Anblick Legenden aufleben. Tatsachen dagegen verarbeitete Gerhart Hauptmann in vielen seiner Werke. Über vierzig Jahre lebte der Schriftsteller in Haus Wiesenstein im Schatten der Schneegruben.

DIE WANDERUNG IN KÜRZE

\+ Anspruch

3.30 Std. Gehzeit

14 km Länge

Charakter: Rundwanderung mit längerem Auf- und Abstieg am Kynast

Wanderkarte: Karkonosze 1 : 25 000, Verlag Plan, Jelenia Góra

Einkehrmöglichkeiten: Imbiss in der Burgruine Kynast, Gasthäuser in Agnetendorf

Anfahrt: Aus dem Zentrum von Jelenia Góra mit dem Stadtbus Nr. A, 7 oder 15 bis Haltestelle ul. Karkonoska. Die Regionalbahn Richtung Szklarska Poręba hält in Sobieszów. **PKW-**Anreise aus Tschechien über die E 65 (Grenz-übergang Harrachov–Jakuszyce). In Piechowice auf die Nebenstraße Nr. 366. Aus dem Großraum Berlin über die A 13 und A 15 (Grenzübergang Forst–Olszyna) auf der E 36 bis zum Abzweig Bolesła-wiec, weiter auf der Nebenstraße Nr. 297 nach Jelenia Góra und in den Stadtteil Sobieszów. Aus Richtung Dresden über Bautzen auf der A 4 zum Grenzübergang Ludwigsdorf–Jędrzychowice, weiter auf der Hauptstraße Nr. 30 nach Jelenia Góra und in den südwestl. gelegenen Stadtteil Sobieszów. Bewachter Parkplatz am Wanderweg zur Burg Chojnik an der Straße Nr. 366 (Richtung Karpacz/Kowary).

Nach 25 Min. Busfahrt aus dem Zentrum von Hirschberg (Jelenia Góra) erreichen wir den Stadtteil **Sobieszów** (Hermsdorf). An der Haltestelle ul. Karkonoska, 150 m nach der Kirche, verlassen wir den Bus. Auf der

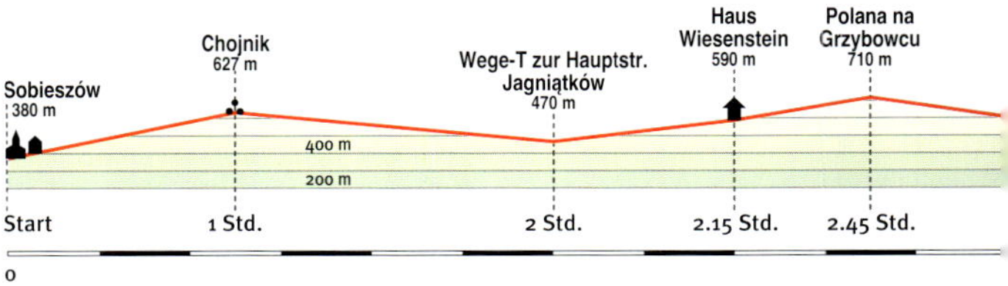

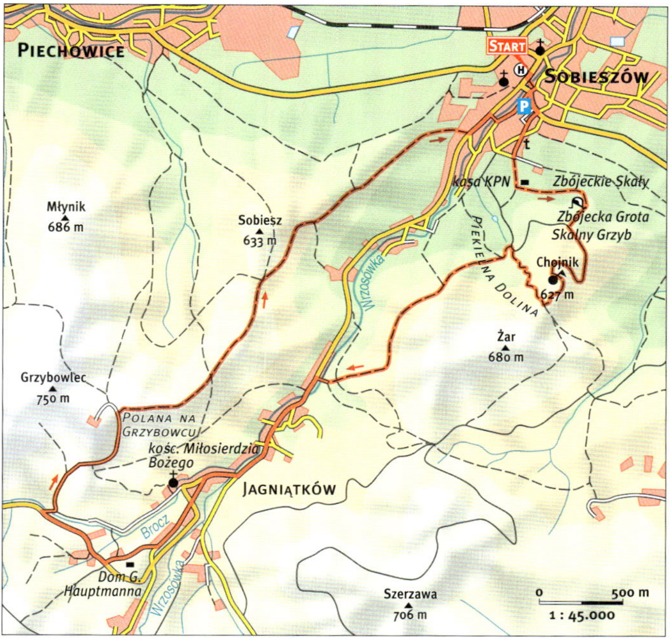

gegenüberliegenden Straßenseite überqueren wir auf der Fußgängerbrücke das Heidewasser (Wrzosówka) und gehen nach rechts. Ab hier ist der Weg rot markiert. An der Straße biegen wir links ab und folgen dem Asphalt etwa 100 m bis zum Parkplatz, wo wir rechts abbiegen. Zu beiden Seiten des schmalen Weges stehen Villen, weiter oberhalb steigen wir ein kurzes Stück über Stufen bergan. Nach dem Überqueren der schmalen Straße steht links ein großes Kruzifix aus Holz. Wir gehen immer geradeaus, bis wir nach etwa 10 Min. den Eingang zum Riesengebirgsnationalpark erreichen. In der Saison wird hier Eintrittsgeld verlangt: Der Kynast ist eine knapp 80 Hektar große nördliche Exklave des Nationalparks. Schutz verdient vor allem der herrliche Mischwald mit alten Buchen, Bergahornen und knorrigen Kiefern. Hier leben aus Korsika angesiedelte Mufflons. An der Gabelung verlassen wir den rot markierten Weg und biegen nach links auf die schwarz markierte Route ab. Eine Attraktion ist der 20 m lange schachtartige Gang im Hohlen Stein (Zbójeckie skały): etwas beschwerlich, aber für Schlanke ungefährlich zu durchklettern. Der schwarz markierte Weg führt darüber auf dem Felsen ent-

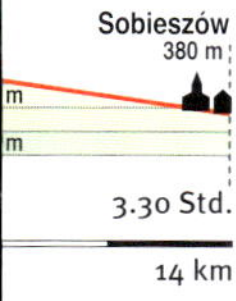

lang. Weiter oben steht der Backofenstein (Zbójecka Grota), er bildet eine kleine Grotte. Nach 200 m Aufstieg mündet der schwarz markierte Weg am Wachtstein (Skalny Grzyb) in die rot gekennzeichnete Hauptroute, beide Farben leiten uns zum Wachthaus vor der Burg Kynast/**Chojnik** (1 Std.).

An der Wehrmauer entlang folgen wir dem weißen Quadrat mit grünem Schrägstrich. Hinter der Steinpforte führen Stufen in den dunklen Höllengrund (Piekielna dolina) mit wild verstreuten Granitsteinen. Im Rückblick erscheint die Burgruine immer wieder in atemberaubender Silhouette. An der Wiese in der Talsenke zwischen Kynast und Heerdberg (Żar) treffen wir auf den rot markierten Hauptweg. Wir biegen links ab, wo der Weg mit einem grünen Querbalken markiert ist, und tauchen in einen Mischwald aus Fichten, Lärchen und Buchen mit verstreut liegenden Granitsteinen ein. Bis zur »Gürtellinie« des Heerdberges geht es stetig bergan. Dann verläuft der Weg durch Buchenwald längere Zeit auf gleicher Höhe. Am Wege-T treffen wir auf einen breiten Fahrweg und halten uns rechts. Aufgepasst: Etwa 100 m weiter wurde der Wegverlauf geändert. An dieser Stelle biegen wir links ab, laufen den Hang hinunter (weiterhin grüne Markierung). Früher verlief die Route weiter auf dem Fahrweg, davon künden noch die alten Markierungen, die inzwischen weiß übertüncht wurden.

Wir erreichen über einen Wiesenpfad die ersten Häuser und stehen nach dem Überschreiten des Schneegrubenwassers (Wrzosówka) wenig später am **Wege-T** der Hauptstraße nach Agnetendorf/**Jagniątków** (2 Std.). Nun folgen wir der Straße nach links leicht bergan; ab hier achten wir auf die blaue Markierung. Majestätisch thront am Horizont über den Schneegruben die jetzige TV-Station. Agnetendorf erhielt seinen deutschen Namen nach Frau Agnes von Schaffgotsch, deren Gatte als Vertrauter des Feldherrn Wallenstein 1635 enthauptet wurde. Die ersten Siedler waren böhmische Glaubensflüchtlinge.

An der Bushaltestelle vor dem verfallenen ehemaligen Hotel Bayer zeigt ein deutschsprachiges Hinweisschild zum »Gerhart-Hauptmann-Haus«. Wir folgen der Straßenkurve nach rechts über die alte Steinbrücke (schwarze Querbalkenmarkierung). Etwa 200 m oberhalb biegen wir an der alten Linde nach links auf den schmalen Asphaltweg ab. Es geht leicht bergan. Rechts am gegenüberliegenden Hang steht eine für das Riesengebirge ungewöhnliche Kirche. Sie stammt aus dem Jahr 1985 und erinnert in ihrem Stil an Goralenarchitektur in der Hohen Tatra. Jüngst erhielt das Gotteshaus eine große, mit den zwölf Tierkreiszeichen geschmückte Uhr.

Bei der Weggabelung am alten Bergahorn biegen wir rechts ab, weiter oberhalb versteckt sich in einer kleinen Parkanlage das **Haus Wiesenstein** (2.15 Std.), Arbeits- und Wohnhaus von Gerhart Hauptmann.

Wir folgen weiter der schwarzen Markierung, vorbei an mehreren Glasverkaufsständen, wo die glitzernden Waren aus der berühmten Josephinenhütte (Julia) feilgeboten werden. Links eröffnet sich ein herrliches Panorama auf den Riesengebirgshauptkamm – eine Ansicht, die auch Hauptmann liebte. Hinter dem Ortsausgangsschild Jelenia Góra bleiben wir noch etwa 300 m auf der Hauptstraße, bevor wir scharf nach

Bergfried der Burg Kynast

rechts in den Fichtenwald abbiegen und die schwarze Markierung verlassen. Der Asphaltweg zur Bismarckhöhe führt über das Bächlein Pratsch (Brocz) und an der Gabelung gleich wieder links weiter bergauf. Dem Fahrweg folgen wir unter stattlichen Buchen bis nahe der Bismarckhöhe. Leider ist das dortige Gasthaus auf unbestimmte Zeit verschlossen, sodass wir gleich an der Wiese **Polana na Grzybowcu** (2.45 Std.) die Wegrichtung ändern: Ab hier folgen wir dem blau markierten Weg nach rechts.

Durch Mischwald läuft es sich leicht bergab bis nahe Sobieszów, wo wir kurz vor dem Ziel noch einmal prächtige Ausblicke auf die Burgruine Kynast genießen können. An den ersten Häusern von Sobieszów vorbei, befindet sich links ein großer Trafokasten. Wir biegen nach links auf den Pflasterweg mit Geländer ab, an der Hauptstraße gehen wir wieder links und stehen nach etwa 200 m an der Bushaltestelle der Linie Nr. 15 in Jelenia Góra-**Sobieszów** (3.30 Std.).

Burgruine Kynast

Die Ursprünge der Burg verlieren sich im Dunkel der Geschichte. Erst vom 13. Jh. an ist eine Grenzfestung des Schweidnitzer Herzogs Bolko I. dokumentiert. Bereits im 14. Jh. war die Burg im Besitz der Grafen von Schaffgotsch. Als »Herren des schlesischen Riesengebirges« ließen sie die Burg zu ihrem Stammsitz erweitern. 1675 endete die Glanzzeit jäh durch einen Blitzschlag: Ein verheerendes Feuer vernichtete die Anlage, die in der Folge in einen Dornröschenschlaf verfiel. Anfang des 19. Jh. wurde der Kynast von Romantikern neu entdeckt; 1809 dichtete Theodor Körner nach seinem Besuch eine Ballade über Kunigunde.

Das hochnäsige Burgfräulein verhöhnte alle Bewerber: Jeder sollte auf seinem Ross die äußere Burgmauer umreiten. Die meisten winkten ab, einige wagten den Ritt und stürzten in die Tiefe. Ein Freier allerdings bewältigte die Aufgabe – verschmähte hinterdrein jedoch Kunigunde. Dermaßen gekränkt, sprang

Nahe Haus Wiesenstein

die Schöne selbst in den Höllengrund.

Vom 30 m hohen Bergfried genießt man eine wunderbare Aussicht auf die Nordseite des Riesengebirges und den Hirschberger Talkessel. Beachtenswert sind die schöne Renaissanceattika auf der Burgmauer, die fast vier Meter hohe Staupsäule und der etwa 400-jährige Ahorn im ersten Burghof.

Haus Wiesenstein

1901 zog der schlesische Dichter Gerhart Hauptmann mit den Worten »Segen und Macht der Sesshaftigkeit ... ich habe meine Heimat wiedergefunden« in die Jugendstilvilla ein. Im Sommer 2001 eröffnete im Haus Wiesenstein ein kleines Museum sowie eine Begegnungsstätte deutscher und polnischer Schriftsteller. Zuvor diente die Villa über Jahrzehnte als Kindererholungsheim.

Sehenswert ist vor allem die Paradieshalle, ausgemalt von Prof. Johannes M. Avenarius: Bunt durcheinander gewürfelt erblickt der Betrachter biblische Motive und schlesische Alltagsszenen.

Am Haus befindet sich eine zweisprachige Gedenktafel: »Hier lebte und wirkte im Schatten des Riesengebirges Gerhart Hauptmann, der große deutsche Dichter und Nobelpreisträger. 1862–1946« lautet der deutsche Text. Mit seinem vielleicht wichtigsten Werk »Die Weber« beeinflusste Hauptmann das deutsche Theater maßgeblich. Während der Nazizeit hielt der Dichter Distanz zu Hitlers Schergen, weshalb man ihn nach Kriegsende, anders als die meisten Schlesier, nicht sofort aussiedeln konnte. Er stand unter dem Schutz der Behörden. Mitte 1946 sollte jedoch auch er seine Heimat verlassen. Mit dem Aussiedlungsbescheid in den Händen erlitt Hauptmann einen Schlaganfall; er verstarb am 6. Juni 1946. Seine letzte Ruhe fand er auf der Ostseeinsel Hiddensee, seinem geliebten Feriendomizil.

Zur Stabkirche Wang

Von Hermsdorf nach Krummhübel

Das liebliche Vorgebirge bietet viele unbekannte Ansichten des Riesengebirges. Die Tour führt durch Bergdörfer, vorbei am idyllischen Hainwasserfall. Die Kirche Wang in Brückenberg, ein Besuchermagnet, ist ein echtes Stück Norwegen in Schlesien.

DIE WANDERUNG IN KÜRZE

+ Anspruch

3.45 Std. Gehzeit

17 km Länge

Charakter: Streckenwanderung auf meist bequemen Wegen, längerer Aufstieg von den Barberhäusern nach Krummhübel (Karpacz)

Wanderkarte: Karkonosze 1 : 25 000, Verlag Plan, Jelenia Góra

Einkehrmöglichkeiten: Hotel Amanda in Zachełmie, Imbiss in Przesieka und Borowice, Kreuzschänke (Szczęść Boże) in Karpacz

Anfahrt: Aus dem Zentrum von Jelenia Góra mit dem Stadtbus Nr. A, 7 oder 15 (Fahrzeit 25 Min.). Die Regionalbahn Richtung Szklarska Poręba hält in Sobieszów. **PKW**-Anreise aus Tschechien über die E 65 (Grenzübergang Harrachov – Jakuszyce). In Piechowice auf die Nebenstraße Nr. 366 abbiegen. Aus dem Großraum Berlin über die A 13 und A 15 (Grenzübergang Forst – Olszyna) auf der E 36 bis zum Abzweig Bolesławiec, weiter auf der Nebenstraße Nr. 297 nach Jelenia Góra und in den Stadtteil Sobieszów. Aus Richtung Dresden über Bautzen auf der A 4 zum Grenzübergang Ludwigsdorf–Jędrzychowice, weiter auf der Hauptstraße Nr. 30 nach Jelenia Góra. Bewachter Parkplatz an der Straße Nr. 366 (Richtung Karpacz/Kowary).

Rückfahrt: Linienbus Karpacz–Jelenia Góra ab Buswendeplatz Karpacz-Biały Jar, Fahrzeit ca. 40 Min.

Die Tour beginnt in Jelenia Góra-**Sobieszów** (Hermsdorf) an der Bushaltestelle ul. Karkonoska, 150 m nach der Kirche. Auf der gegenüberliegenden Straßenseite überqueren wir auf der Fußgängerbrücke das Heidewasser (Wrzosówka) und gehen nach rechts. Ab hier ist der Weg rot markiert. An der Straße biegen wir links ab und folgen dem Asphalt etwa 100 m bis zum Parkplatz, wo wir rechts abbiegen. Zu beiden Seiten des schmalen Weges stehen Villen, weiter oberhalb steigen wir ein kurzes Stück über Stufen bergan. Nach dem Überqueren der Straße steht links ein großes Kruzifix aus Holz. An der nächsten Wegkreuzung folgen wir dem Hinweis »Muzeum« nach links und stehen kurze Zeit später am Eingang zum Riesengebirgsmuseum/**Muzeum K.P.N.** (15 Min.). In einem Alpinarium neben dem Haus gedeihen viele typische Pflanzen des Riesengebirges. Hinter dem Parkplatz folgen wir dem unmarkierten schmalen Wiesenweg, der nach 150 m in einen Mischwald aus Fichten, Ahornen, Buchen und Eichen mündet. In einem Halbkreis führt der Weg um den Fuß des Berges Kynast herum. An der ersten Wegkreuzung gehen wir geradeaus. Gleich darauf ist links ein ehemaliger Brunnen zu sehen, der leider kein Wasser mehr spendet. Wo wir auf einen großen und einen kleinen Grenzstein treffen, gabelt sich der Weg. Wir halten uns rechts und gelangen leicht bergab zum Kynastwasser (Choiniec). Nach dem Überqueren halten wir uns an die gelbe Markierung und folgen dieser nach rechts, jetzt längere Zeit am Bachufer entlang bergauf. An der **Wegkreuzung Żelazny mostek** (45 Min.) treffen gelb, schwarz und grün markierte Wege aufeinander. Wir biegen vor der Brücke über das Kynastwasser am Wegweiser links ab – bis Karpacz-Górny werden wir jetzt der grünen Querbalkenmarkierung folgen. Am Wege-T vor der großen Wiesenlichtung laufen wir am Weidezaun rechts entlang, auf den markanten Zaun des Hotels Amanda zu. Am Zaun wenden wir uns nach links. An der Villa Pan Twardowski hat man einen schönen Blick auf die Falkenberge (Góry Sokole) und den Landeshuter Kamm (Rudawy Janowickie). Hinter der Villa geht es rechts den Berg hinauf. Die Streusiedlung Saalberg (Zachełmie) liegt geschützt in einem Talkessel. Früher war der Ort bekannt für seine Kirsch-

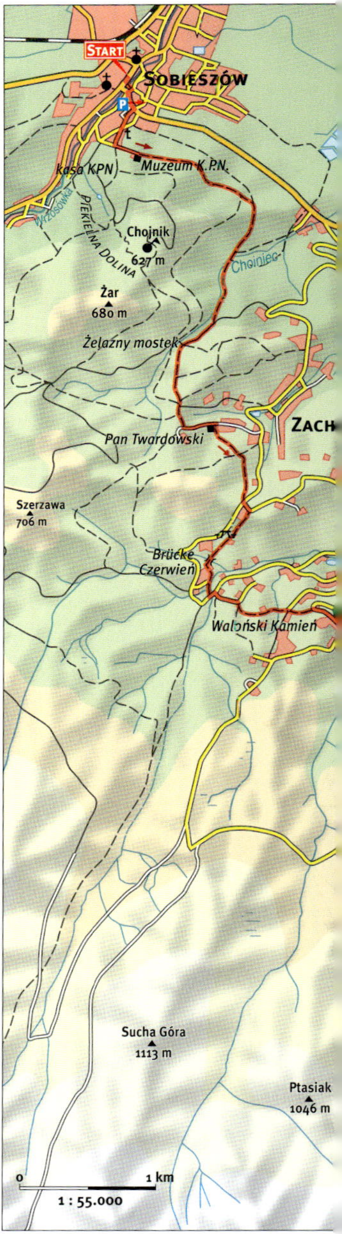

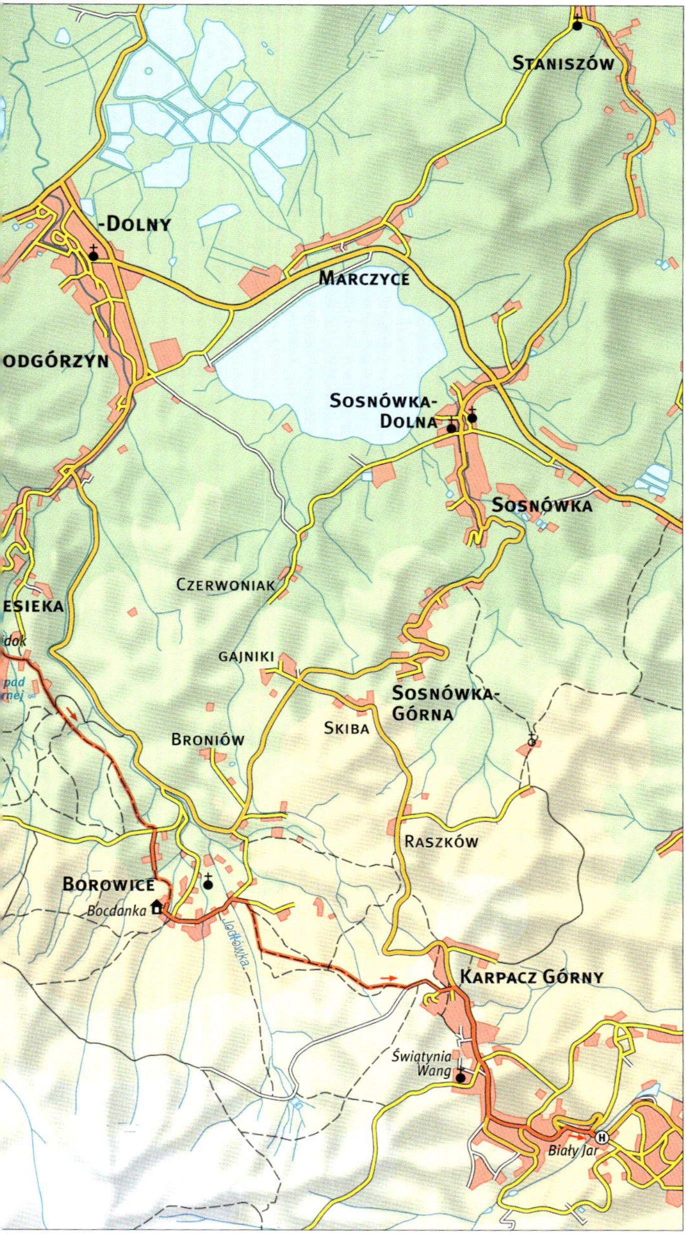
Staniszów
-Dolny
Marczyce
odgórzyn
Sosnówka-
Dolna
Sosnówka
Czerwoniak
esieka
idok
pad
rnej
Gajniki
Sosnówka-
Górna
Skiba
Broniów
Raszków
Borowice
Bocdanka
Jodłówka
Karpacz Górny
Świątynia
Wang
Biały Jar

plantagen, die dank des relativ milden Klimas hier sehr gut gedeihen konnten. Vor dem Wasserwerk überqueren wir eine schmale Asphaltstraße, am Wege-T neben dem Wasserwerk gehen wir rechts hinunter. Im Tal liegt die Ortschaft Hain (Przesieka). Der Blick zum Riesengebirgshauptkamm zeigt rechts die markante kegelförmige Kleine Sturmhaube (Mały Szyszak), links den Mittagstein (Słonecznik) und die Schneekoppe. Der Mittagstein erhielt seinen Namen, weil die Sonne, vom Hirschberger Tal aus gesehen, um 12 Uhr genau über dieser Felsgruppe steht. Wenn man in den Ort hineinkommt, stehen rechts zwei Bänke mit schöner Aussicht auf die Berge und die Häuser von Hain – genau der richtige Platz für eine Rast. Kurz darauf überqueren wir die **Brücke** über das Rotherwasser/**Czerwień** (1.30 Std.) und biegen gleich danach rechts ab. An den letzten Häusern führt der Wanderweg schräg den Hang hinauf. Von dem auffälligen rot-weißen Haus in der Straßenkehre aus erkennt man bei schönem Wetter im Rückblick den Reifträger (Szrenica) mit Baude. Wir folgen der Straße bergauf. Die Lindenschenke (Bar Pod Lipami) steht im Schatten zweier mehrhundertjähriger Linden. Etwa 100 m oberhalb gibt der Mannstein (Waloński kamień) weiterhin Rätsel auf: Schatzsucher haben hier im Mittelalter eine Hand und ein Kreuz eingeritzt. Am Wegweiser Przesieka biegen wir links ab. Nur wenig später bietet sich am Ferienheim Złoty widok II von einer Anhöhe die Goldene Aussicht/**Złoty widok** (2 Std.) auf den Riesengebirgshauptkamm. Unterhalb befinden sich Sitzbänke und ein Imbiss. Von hier hört man bereits das Rauschen des Wasserfalls. Wo der Wald beginnt, führt der Weg links den Abhang hinunter zur Brücke über den Hainfall/**wodospad Podgórnej.** Das Wasser stürzt in mehreren Kaskaden zu Tal. Wir folgen dem Wasserlauf, in dessen Bachbett riesige Granitsteine liegen. An der Kreuzung ist der Weg nicht eindeutig markiert: Wir nutzen keine der beiden Brücken, sondern gehen rechts hinter dem Haus bergan. Weiter oben steht ein schönes Riesengebirgsblockhaus unter zwei alten Eschen, unter einem Kirschbaum sehen wir einen Mühlstein. Ein Stück weiter, am ehemaligen Mühlenweiher, liegen noch mehr Mühlsteine herum. Wir erreichen die **Wegkreuzung** an den Baberhäusern/**Borowice** (2.30 Std.). Die Asphaltstraße führt hinauf zum Spindlerpass (Przełęcz Karkonoska), während wir geradeaus auf die hübsch gelegene Streusiedlung zugehen. In der Bar Bocdanka gibt es ein schmackhaftes Bigos (Kraut mit Hackfleisch). An der Brücke über das Tannenwasser (Jodłówka) hat man nach links einen

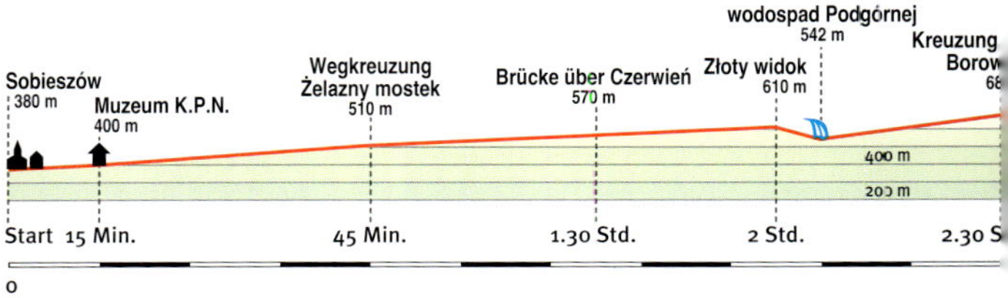

schönen Blick zur Burgruine Kynast. Gegenüber dem Souvenirladen führt der grün markierte Weg nach rechts in den Wald. Es geht stetig bergan, und der Pfad wird steinig. Hoch gewachsene Lärchen zeigen das Ende der Steigung an. Von hier bietet sich ein weiter Blick ins Gebirgsvorland über bewaldete Hügel, zur Burgruine Kynast und nach Hirschberg (Jelenia Góra). An den beiden folgenden Wege-T halten wir uns jeweils links. Am Pensjonat Abir erreichen wir die Hauptstraße und biegen nach rechts ab. Am Schild »Parkplatz Kirche Wang« gehen wir wieder rechts und stehen wenig später an der Kirche Wang/**kościół św. Wang** (3.30 Std.).

Vor der Eingangspforte zur Kirche laufen wir links die Straße hinunter, ab hier folgen wir den blauen Zeichen. Unterhalb zeigt sich die Schneekoppe noch einmal in ihrer ganzen majestätischen Schönheit. An der Bushaltestelle **Biały Jar** (3.45 Std.) sind hübsche Schnitzereien zu bewundern, darunter auch eine Rübezahlfigur.

Kirche Wang

Anfang des 19. Jh. war im südnorwegischen Valdres der Abriss einer Stabkirche geplant. Ein gebürtiger Norweger, der in Dresden lebte, bemühte sich anfangs um einen Wie-

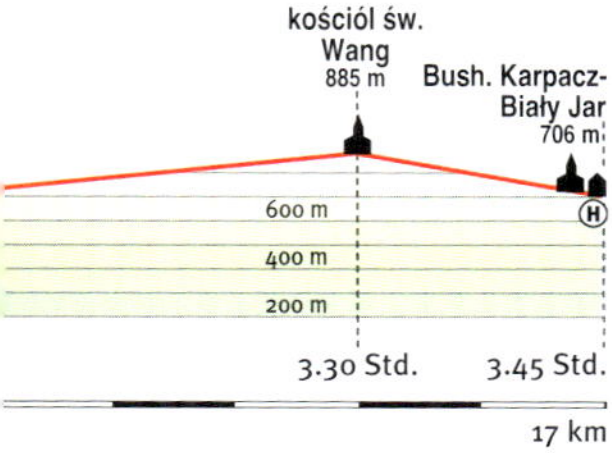

Die Stabkirche Wang

deraufbau im Osloer Stadtpark; der Wunsch sollte sich jedoch nicht erfüllen. Nun wandte sich der Landschaftsmaler Dahl an den preußischen König Friedrich Wilhelm IV. Dem Regenten gefiel der Gedanke, das Kirchlein auf die Berliner Pfaueninsel umzusetzen. Als die schlesische Gräfin Reden von den Plänen hörte, bat sie den König, das hölzerne Gotteshaus in Brückenberg unterhalb der Schneekoppe wieder aufbauen zu lassen: Bergleute und Forstarbeiter hatten es sehr weit bis zum nächsten Gotteshaus in Krummhübel. Im Frühjahr 1842 trafen die ersten Wagen mit Kirchenteilen in Brückenberg ein, und bereits im Sommer 1844 wurde Kirchweihe gefeiert. Herrliche Schnitzereien schmücken die Stabkirche. Viele Motive verbinden heidnisches Gedankengut mit Elementen skandinavischen Christentums. Der Glockenturm aus schlesischem Granit schützt die Holzkirche vor starkem Wind. Gottesdienste finden sonn- und feiertags um 10 Uhr statt.

Tour 26

Über die längste Brücke

Von Krummhübel zum Schlesierhaus

Mühsam steigen wir auf steinigen Pfaden bis auf den Hauptkamm. Die Dreisteine und der Mittagstein sind eindrucksvolle Orientierungspunkte, der Blick in den Großen und den Kleinen Teich zählt zu den klassischen Aussichten in Rübezahls Reich. Holzbohlen leiten uns sicher durchs Aupamoor. Zurück geht es mit dem Sessellift.

DIE WANDERUNG IN KÜRZE

++ Anspruch

3.30 Std. Gehzeit

13 km Länge

Charakter: Streckenwanderung mit langem Aufstieg von Krummhübel bis zum Mittagstein.

Wanderkarte: Karkonosze 1 : 25 000, Verlag Plan, Jelenia Góra

Einkehrmöglichkeiten: Wiesenbaude, Schlesierhaus

Anfahrt: Mit dem **Bus:** Fernlinienbus von Berlin ZOB nach Karpacz (Fr 16 Uhr, So 18.30 Uhr). Busse von Jelenia Góra nach Karpacz-Biały Jar (Endhaltestelle). **PKW-**Anreise aus Tschechien über die E 65 (Grenzübergang Harrachov–Jakuszyce). In Piechowice auf die Nebenstraße Nr. 366 abbiegen. Aus dem Großraum Berlin über die A 13 und A 15 (Grenzübergang Forst–Olszyna) auf der E 36 bis zum Abzweig Bolesławiec, weiter auf der Nebenstraße Nr. 297 nach Jelenia Góra, von hier Richtung Kowary und über Mysłakowice nach Karpacz. Aus Richtung Dresden über Bautzen auf der A 4 zum Grenzübergang Ludwigsdorf–Jędrzychowice, weiter auf der Hauptstraße Nr. 30 nach Jelenia Góra und Karpacz. Kleiner Parkplatz auf Privatgelände gegenüber der Tankstelle in Biały Jar.

Hinweise: Reisepass nicht vergessen! **Sessellift** nach Karpacz: 8.30–17 Uhr, letzte Talfahrt 16.30 Uhr.

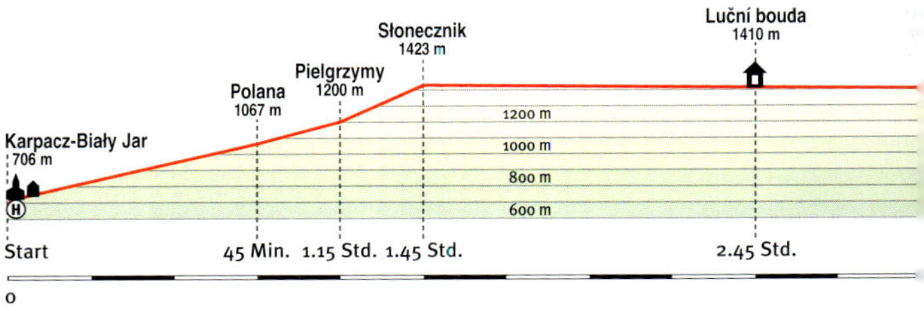

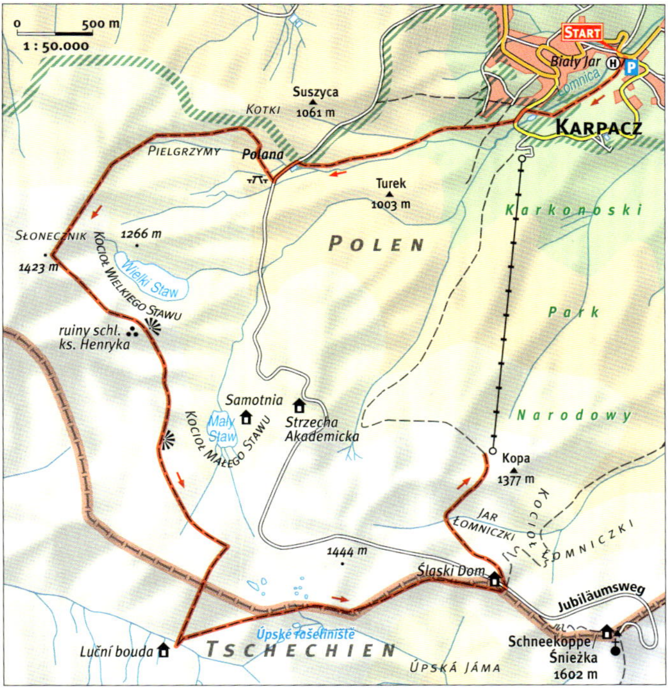

Vom Wegweiser an der **Bushaltestelle Karpacz-Biały Jar** folgen wir der grünen Querbalkenmarkierung bergan durch Fichtenwald Richtung Polana. Der Weguntergrund besteht anfangs aus unregelmäßig verlegten Steinen, was die Füße sehr anstrengt. Vor dem großen grünen Wasserbehälter halten wir uns ganz rechts und überqueren wenig später die Straße zur Talstation des Sessellifts auf die Kleine Koppe. Der Aufstiegspfad bleibt weiter steinig. Links vor uns ist die Seifenlehne zu sehen. Dieser Gletscherkar gab der Bushaltestelle ihren polnischen Namen Biały Jar (Weiße Grube): Bis in den Frühsommer bleiben dort Altschneereste liegen. Im Frühjahr 1968 begrub eine Lawine in der Seifengrube 19 Wanderer, darunter mehrere Deutsche: Es war das folgenschwerste Unglück in der Geschichte des Riesengebirges. Auch das Denkmal für die Opfer wurde bereits mehrmals von Schneemassen zerstört.

Auf unserem Weg begegnen wir ebenfalls der Kraft der Naturgewalten. Bei Hochwasser verwandelte sich der Hohlweg in einen reißenden Sturzbach. Sperren aus Holzstämmen sollen die weitere Erosion verhindern. Die neue Route wurde direkt daneben ausgewiesen, aber wahrscheinlich droht ihr irgendwann das gleiche Schicksal. Auf den ehemaligen Kahlschlägen wachsen Lärchen und Ebereschen heran. An der kopfsteingepflasterten Straße, die von Krummhübel bis zur Schneekoppe führt, biegen wir links ab. Über den Fichten ragen die Dreisteine empor. An der Wiese **Polana** (45 Min.) stand einst die Schlingelbaude, die nach 1945 abbrannte. Heute laden Sitzbänke zum Verweilen ein. Wir halten uns nun an die gelbe Markierung und steigen auf einm Pfad über eine ausgedehnte Wiese bergan. Vor uns erhebt sich das Katzenschloss (Kotki), eine markante Granitfelsgruppe. Nachdem wir den Wald erreicht haben, sind die Dreisteine/**Pielgrzymy** (1.15 Std.) nicht mehr weit. Bald ist die Latschenkiefernzone erreicht. An vielen Stellen ist der steile und steinige Pfad beinah zugewachsen. Im Rückblick schauen wir in den Hirschberger Talkessel. Der Mittagstein/**Słonecznik** (1.45 Std.) ist nur halb so hoch wie die Dreisteine, aber aus der Ferne weithin zu sehen. Früheren Generationen diente der Granitfelsen sogar als Uhr: Von Norden her gesehen steht die Sonne im Zenit genau darüber. Von hier gehen wir links in Richtung Schneekoppe auf dem rot markierten »Weg der polnisch-tschechischen Freundschaft«. Nach etwa 400 m stehen wir am Holzgeländer mit Blick in den Großen Teich (Wielki Staw), das mit über acht Hektar flächenmäßig größte natürliche Gewässer im Riesengebirge. Der Große Teich ist das Kind eines Gletschers. Die gewaltige Moräne ist zwar mit Latschenkiefern bewachsen, aber aus der Höhe deutlich zu erkennen. Nahe der Abbruchkante stand bis 1947 die Prinz-Heinrich-Baude. Sie fiel einem Brand zum Opfer, Trümmer zeigen noch den einstigen Standort. Fünf Minuten später können wir auch auf den Kleinen Teich (Mały Staw) mit der Klei-

Die Dreisteine

nen Teichbaude (Samotnia) schauen. Darüber erheben sich Hampelbaude (Strzecha Akademicka) und Schneekoppe: bei guter Sicht ein wahrhaft erhabener Anblick! Bis in den Frühsommer bleiben an beiden Abbruchkanten der Gletscherkare große Schneewächten erhalten. Am Wegweiser Jantarová cesta biegen wir rechts nach Böhmen auf den gelb markierten Pfad ab. Mitte der 1990er Jahren wurden auf dem Riesengebirgshauptkamm vier Fußgängergrenzübergänge eröffnet. Kontrollen finden nur stichprobenweise statt, meist ist weit und breit kein Grenzposten zu sehen. Seinen Ausweis/Reisepass sollte man aber immer dabei haben.

Die Wiesenbaude/**Luční bouda** (2.45 Std.) ist eines der größten Gebirgshotels Mitteleuropas (s. Tour 10, S. 51). Von dort führt der Weg nach links, geradewegs auf die Schneekoppe zu, die sich nun in immer neuen Perspektiven präsentiert. Über Eichenbalken wandern wir sicher über das ausgedehnte Aupamoor (Úpské rašeliniště). Mit 400 m Länge gilt der hölzerne Weg als die längste Brücke im Riesengebirge. Am Schlesierhaus/**Śląski dom** (3.15 Std.) nutzen wir den offiziellen Fußgängergrenzübergang und folgen bis zur Sesselliftstation an der Kleinen Koppe/**Kopa** (3.30 Std.) der schwarzen Markierung.

Die Dreisteine

Der polnische Name Pielgrzymy bedeutet »Pilger« und soll an die Protestanten erinnern, die hier während des Dreißigjährigen Krieges heimlich evangelische Gottesdienste abhielten. Die Dreisteine sind die mächtigsten frei stehenden Granitfelsen des Riesengebirges und erreichen eine Höhe von 25 m. Sie sind ein besonders schönes Beispiel für die sogenannte Wollsackverwitterung, die stufenweise Verwitterung in einzelne Teile, die aufgeschichteten Wollsäcken gleichen. Auf den Steinen findet man kreisrunde, oft wassergefüllte Vertiefungen, ebenfalls durch Verwitterung entstanden. Früher glaubte man, es seien von Menschenhand gefertigte Opferschalen für heidnische Götter.

Das Aupamoor

Das Aupamoor breitet sich auf einer weiten Ebene in etwa 1400 m Höhe unterhalb des Brunnberges aus. Es entstand zum Ende der letzten Eiszeit vor etwa 10 000 Jahren und zählt mit seinen 20 Hektar zu den kostbarsten Mooren Mitteleuropas. Außergewöhnlich ist das hiesige Zusammentreffen von arktischer und alpiner Vegetation. Ähnliches findet sich nur in Nordeuropa, jedoch nicht mehr in dieser Meereshöhe. Die arktische Brombeere ist ein seltenes Glazialrelikt, im Moor nistet die Blaue Tundranachtigall. Die Riesengebirgsalge Corcontochrysis noctivaga gibt es einzig und allein im Aupamoor.

In den 1970er Jahren wurde der Moorweg auch von LKW befahren und vernässte. Man erhöhte ihn mit Kalkschotter, was beinahe zu einer ökologischen Katastrophe führte, da ausströmende Laugen das natürliche Gleichgewicht im Moor veränderten. 1996 wurde der Schotter komplett ausgehoben und eine Eichenbohlenbrücke gebaut; das Moor konnte auf diese Weise gerettet werden.

Tour 27

Die Krone der Sudeten

Von Krummhübel auf die Schneekoppe und durch den Melzergrund
Dank der großartigen Gebirgskulisse zählt diese Tour zu den schönsten auf der schlesischen Riesengebirgsseite. Wir wandern auf den Spuren des Dichterfürsten Goethe, kraxeln auf die Schneekoppe und steigen schließlich durch den imposanten Melzergrund talwärts.

DIE WANDERUNG IN KÜRZE

++ Anspruch

5.15 Std. Gehzeit

17 km Länge

Charakter: Rundwanderung mit meist bequemen Aufstiegen, aber beschwerlichem Abstieg durch den Melzergrund

Markierung: blaue, später rote Querbalken

Ausrüstung: Teleskopstöcke

Wanderkarte: Karkonosze 1 : 25 000, Verlag Plan, Jelenia Góra

Einkehrmöglichkeiten: St. Leonard (9–16 Uhr), Teichbaude, Hampelbaude (8–20 Uhr), Schlesierhaus, Polnische Baude und Imbiss im Postamt auf der Schneekoppe, Melzergrundbaude, Restaurants Zum Berggeist (U Ducha Gór) und Kreuzschänke (Szczęść Boże) in Krummhübel (Karpacz)

Anfahrt: Mit dem **Bus:** Fernlinienbus von Berlin ZOB nach Karpacz (Fr 16 Uhr, So 18.30 Uhr). Busse von Jelenia Góra nach Karpacz-Biały Jar (Endhaltestelle). **PKW-**Anreise aus Tschechien über die E 65 (Grenzübergang Harrachov – Jakuszyce). In Piechowice auf die Nebenstraße Nr. 366 abbiegen. Aus dem Großraum Berlin über die A 13 und A 15 (Grenzübergang Forst–Olszyna) auf der E 36 bis zum Abzweig Bolesławiec, weiter auf der Nebenstraße Nr. 297 nach Jelenia Góra, von hier Richtung Kowary und über Mysłakowice nach Karpacz. Aus Richtung Dresden über Bautzen auf der A 4 zum Grenzübergang Ludwigsdorf–Jędrzychowice, weiter auf der Hauptstraße Nr. 30 nach Jelenia Góra und Karpacz. Kleiner Parkplatz auf Privatgelände gegenüber der Tankstelle in Biały Jar.

Hinweise: Reisepass für den Grenzübertritt auf die böhmische Seite der Schneekoppe mitnehmen. Die Teilstrecke am Kleinen Teich und der Melzergrund sind im Winter wegen **Lawinengefahr** gesperrt. Alternativwege sind vorhanden.

Die Teichbaude am Kleinen Teich

Vom Wegweiser an der Bushaltestelle **Karpacz-Biały Jar** folgen wir der blauen Querbalkenmarkierung; es geht die Straße bergan zur Kirche Wang (Świątynia Wang). Wir gelangen zunächst in den Ortsteil Brückenberg (Karpacz-Górny), vorbei an Puppenmuseum (Muzeum Zabawek i Lalek), Restaurant Morski Oko und Hotel Astor. Bevor der markierte Weg nach links abzweigt, können wir einen herrlichen Blick in den Hirschberger Talkessel (Kotlina Jeleniogórska) genießen. An den Ständen mit Schafwollgestricktem, Pantoffeln und Räucherkäse warten Verkäufer auf Kundschaft. Gleich darauf stehen wir vor der Kirche Wang/**Świątynia Wang** (30 Min.), einer wundervollen Stabkirche aus Norwegen (s. Tour 25, S. 121).

An der Grenze zum Riesengebirgsnationalpark befindet sich ein großes Holztor mit Kassenhäuschen. Auf Kopfsteinpflaster schreiten wir zügig bergan: Die Straße wurde einst zum Versorgen der Preußischen Baude auf der Schneekoppe erbaut. Der Wald lichtet sich und die Schneekoppe ist bereits zu sehen. Auf dem Hauptkamm ragt der Mittagstein empor, unterhalb lugen die Dreisteine über den Fichtenwald. An der Wiese **Polana** (1 Std.) stand einst die Schlingelbaude, die nach 1945 abbrannte. Heute laden Sitzbänke zum Verweilen ein.

Wir kommen an einer kleinen Baumschule vorbei, wo der zukünftige Riesengebirgswald heranwächst. Dann wird der Weißbach (Biały Potok) überquert, gleich nach der Brücke verlassen wir die Versorgungsstraße und biegen nach rechts in den Wald ab. Die Route ist weiterhin blau markiert und folgt jetzt dem Bachlauf der Großen Lomnitz (Łomnica). Steine und Rinnsale erschweren anfangs das Wandern. St. Leonard am Kleinen Teich (Domek Myśliwski) wurde Anfang der 1920er Jahre als Jagdhütte für den Grafen Schaffgotsch erbaut, heute beherbergt das Gebäude eine Nationalparkinformation und einen Imbiss. Wo der Hochwald sich öffnet, betreten wir den herrlichen Felsenkessel des Kleinen Teiches (Kocioł Małego Stawu). Granitsteine wurden zu einem Bergpfad mit vielen Spalten und Unebenheiten zusammengetragen. Knapp 200 m über uns verläuft die Abbruchkante des Hauptkamms. Im Winter ist der Weg wegen Lawinengefahr gesperrt. Der Kleine Teich (Mały Staw) hat eine Wasserfläche von drei Hektar und ist maximal 8 m tief. Im Kessel gedeihen Anemone, Alpenwindröschen, Enzian, Germer und Kellerhals. Da der Kleine Teich im Windschatten liegt, zeigen sich kaum Wellen auf dem Wasser. Am Ufer steht die hübsche Teichbaude/**Samotnia** (1.45 Std.). Bei schönem Wetter sind die Freiluftplätze schnell besetzt. Auch der Blick in die Baude lohnt, er offenbart eine urige Atmosphäre, auch wenn die Einrichtung inzwischen zeitgemäß verändert wurde.

Ein steiniger und steiler Aufstieg führt weiter bergan, von oben bietet sich ein imposanter Blick in den Kessel, auf den Kleinen Teich und die Teichbaude mit Glockentürmchen. Die Samuelbaude wurde 1654 erstmalig erwähnt und später in Hampelbaude/**Schronisko Strzecha Akademicka** (2 Std.) umbenannt. Das Terrain zählt zu den ältesten Baudenstandorten im Gebirge überhaupt. Das heutige Erscheinungsbild stammt vom Umbau im Jahre 1906. Von Beginn an war die Baude auch ein Nachtquartier für Besteiger der Schneekoppe. Unter sie mischte sich Mitte September 1790 Geheimrat Goethe; ein Augenzeuge berichtete: »Beim Eintritt in die Baude fand ich sie unerträglich heiß, und mir war vor der Nacht bange, da der Ofen erst kurz vorher aufs neue geheizt war, und in der Stube noch eine Menge von Fremden mit ihren Führern und Trägern die Luft zum Athmen unbrauchbar machten…« Angeblich brach Goethe mit seinem Diener am 15. September um 5 Uhr in Richtung Schneekoppe auf.

Kleiner als heutzutage ist die Hampelbaude auf einer Illustration von Ludwig Adrian Richter anzuschauen. 1839 angefertigt, brachte die Darstellung es zu einer gewissen Berühmtheit: Sie fehlte in keinem Buch über das Riesengebirge und wurde erst durch die Fotografie verdrängt.

Von der Terrasse an der Hampelbaude blicken wir bei guter Sicht in den Hirschberger Talkessel und weit hinein ins schlesische Land. Ab der Hampelbaude nutzen wir wieder die bequeme Versorgungsstraße zur Schneekoppe, weiter blau markiert. Kurz vor dem Kamm bietet sich letztmalig ein Blick in den Kessel des Kleinen Teiches. Die Aussicht reicht weit über die Hochfläche von Silberkamm (Srebrny Upłaz) und Teufelswiese (Čertova louka). Brunnberg (Studniční hora) und Hochwiesenberg (Luční hora) begrenzen den Blickhorizont auf der böhmischen

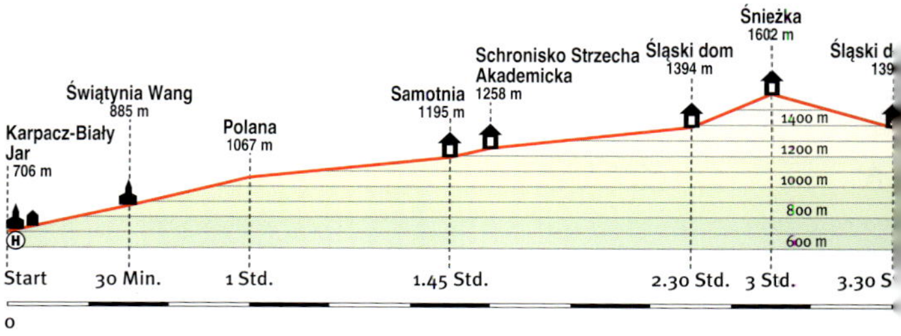

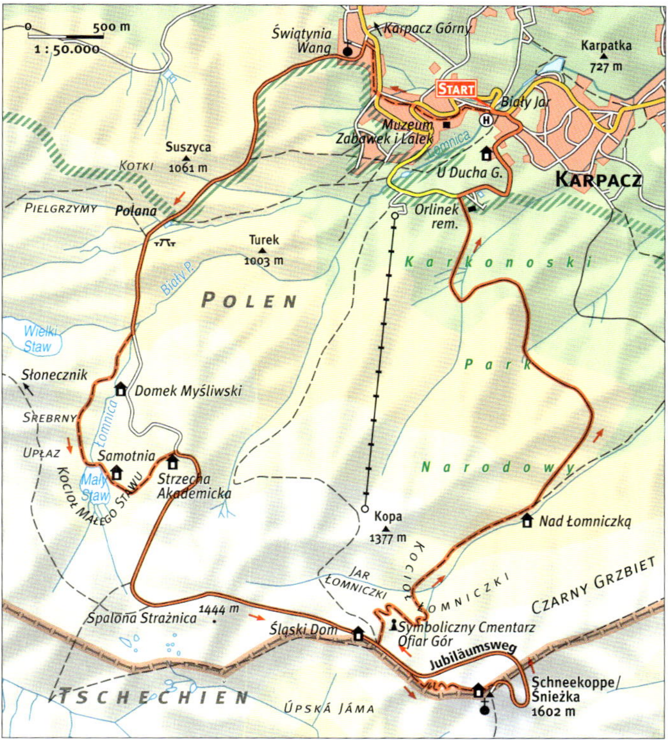

Seite, am Pass dazwischen steht die Gedenkkapelle für die Opfer der Berge. An der Einmündung in den Hauptkammweg gehen wir links, hier steht der Wegweiser Spalona Strażnica. Wir gehen auf dem rotblau markierten und beinah ebenen Pflasterweg direkt auf die Schneekoppe zu. Das gelb gestrichene Schlesierhaus/**Śląski dom** (2.30 Std.) und seine unmittelbare Umgebung erscheinen an schönen Tagen als großes Basislager. Scharen von Bergwanderern besetzen jeden freien Platz.

Vom Schlesierhaus führt die Pflasterstraße weiter auf die Schneekoppe. Etwa 150 m weiter teilt sich der Weg in den bequemen Jubiläumsweg und den steinigen Zickzackweg. Für den Aufstieg wählen wir den anspruchsvolleren Zickzackweg, rot markiert und mit Stahlketten gesichert. Mehrere Aussichtskanzeln gewähren Blicke in

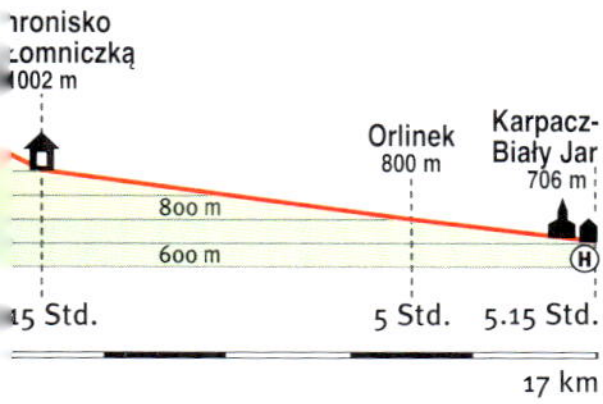

Auf dem Zickzackweg zur Schneekoppe

den Riesengrund auf böhmischer Seite.

Die Schneekoppe/**Śnieżka** (3 Std.) zeigt sich nur selten in strahlendem Sonnenschein (s. Tour 16, S. 83f.). Wer jedoch einen solchen Tag erwischt, sollte die Aussichtsterrasse des Observatoriums in der Polnischen Baude besuchen (tägl. 10–18 Uhr). Denn hier liegt dem Wanderer die Welt – zumindest aber das Riesengebirge – zu Füßen.

Der Abstieg über den Jubiläumsweg führt anfangs auf böhmisches Territorium. Dann macht der Pflasterweg einen halbkreisförmigen Bogen um den Gipfel. Anfangs überblicken wir den Riesenkamm (Czarny Grzbiet), später schauen wir in den wilden Melzergrund hinein. Der Jubiläumsweg quert die sogenannte Schneelehne, ein riesiges Blockmeer auf der Nordseite der Schneekoppe. Aus der Vogelperspektive ist bereits der Abstiegspfad in den Melzergrund (Kocioł Łomniczki) mit seinen Kehren zu sehen.

Dieser beginnt gleich am Schlesierhaus/**Śląski dom** (3.30 Std.), Richtung Schronisko Nad Łomniczką, rot markiert. Im oberen Bereich des Melzergrundes befindet sich

ein symbolischer Friedhof für die Opfer der Berge. Unter den Toten sind auch viele junge Menschen. Über uns erhebt sich die steile und unbewaldete Nordflanke der Schneekoppe. Zwischen Grund und Gipfel liegen etwa 500 Höhenmeter. Bergebereschen und Gefiederte Karpatenbirken sind krumm und zerzaust gewachsen, an vielen Bäumchen haben Lawinenabgänge deutliche Spuren hinterlassen. Auch ein kostbarer Endemit ist hier zu Hause: Die Sudetische Mehlbeere entstand als natürliche Kreuzung von Echter und Zwerg-Mehlbeere.

Die kleine Holzbrücke über die Kleine Lomnitz (Łomniczka) wird häufig ein Opfer von Schnee- oder Wassermassen. Nach Starkniederschlägen präsentieren sich die Kaskaden des Baches besonders eindrucksvoll.

Die kleine Melzergrundbaude/ **Schronisko Nad Łomniczką** (4.15 Std.) bietet Imbiss und einfache Übernachtungsmöglichkeiten.

Über dem Baudendach sieht man in der Ferne ausgeprägte Blockmeere des Riesenkamms (Czarny Grzbiet). Ab der Melzergrundbaude läuft es sich auf einem breiten Fahrweg sehr angenehm sanft ergab. Lichtungen und Schneisen im Fichten-, Buchen- oder Mischwald lassen öfters einen imposanten Rückblick auf die Schneekoppe zu. An der Teichmannbaude/**Orlinek** (5 Std.) erreichen wir den südlichen Ortsrand von Krummhübel. In den 1990er Jahren wurde mit dem großzügigen Um- und Ausbau begonnen. Nun ist das Geld aufgebraucht, seit 1999 ruhen alle Arbeiten. Am Wege-T neben der Teichmannbaude gehen wir rechts die Hauptstraße hinunter, vorbei an Parkplatz und Skisprungschanze.

Kurz vor dem Ziel lockt das Restaurant Zum Berggeist (U Ducha Gór) zur Einkehr: Der Rundholzblockbau mit Kaminfeuer, geschmackvollen Möbeln und gutem Essen zählt zu den besten gastronomischen Adressen in Krummhübel. Bei schönem Wetter besetzen viele Gäste die Freiluftplätze. An der Bushaltestelle **Karpacz-Biały Jar** (5.15 Std.) endet unsere Tour.

Kreuzschänke (Restaurant und Pension Szczęść Boże)

An der Bushaltestelle Karpacz-Biały Jar lädt die Kreuzschänke ein. Das über 100-jährige Haus gehört in dritter Generation einer polnisch-deutschen Familie. Der für deutsche Zungen schwer auszusprechende Name »Szczęść Boże« ist schnell übersetzt: Mit »Grüß Gott« hießen die Schlesier einst ihre Gäste willkommen. Das stattliche Haus aus Granitsteinen ist warm in Holz eingepackt. Seit den 1930er Jahren gehört es Familie Gajewski. Bis Kriegsende hieß es noch Kreuzschänke. Doch auch im liberalen Polen unserer Tage darf das Haus offiziell nicht seinen alten Namen tragen. Als einer von wenigen Deutschen wurde der Besitzer Alexander Gajewski 1945/46 nicht aus seinem Haus vertrieben. Denn er ging einem außergewöhnlichen Job nach: Mit Pferdegespannen versorgte er die Bauden im Gebirge bei Wind und Wetter mit allem Notwendigen. Seine Erfahrungen waren auch unter der neuen Herrschaft gefragt; der erste polnische Bürgermeister respektierte den Deutschen. In den 1960er Jahren nahm Gajewski den Gastwirtschaftsbetrieb wieder auf. DDR-Bürger kamen reichlich an den Fuß der Schneekoppe.

Heute zählt die Kreuzschänke zu den besten Adressen in Karpacz: Das Haus wurde jüngst behutsam modernisiert, einige regionale Leckerbissen gibt es nur hier, so die frisch gebratenen Champignons mit Butterbrot. Dazu reichen die Gastgeber ausgesuchte Weine oder das begehrte Fassbier Żywiec. Das deutsch-polnische Ehepaar und die erwachsenen Kinder sprechen mit ihren Gästen selbstverständlich deutsch. Weil es zu keinem Besitzerwechsel kam, bietet sich die einmalige Gelegenheit, eine original eingerichtete Riesengebirgsherberge zu erleben. Bettrahmen und Möbel stammen vom Anfang des 20. Jh. und sind mit farbigen Tier- und Pflanzenmotiven verziert. Hier hängt man seine Jacke noch auf Kleiderbügel mit dem Schriftzug »Eigentum des Schlesierhauses i. Rsgb.«. Flur und Treppenaufgang werden von historischen Fotos aus Krummhübel und von Riesengebirgslandkarten geschmückt. Original erhalten blieben auch die meisten Möbel im Restaurant. Sie sind so gediegen verarbeitet, dass noch Generationen sie werden nutzen können.

Zauberwasser und Tirolerhäuser

Von Krummhübel nach Zillerthal

Opfergaben am Gutenborn beweisen, dass sich hier schon die Steinzeitmenschen am Wasser gelabt haben. Die »echten« Tiroler am Fuße des Riesengebirges waren bereits am Ende des 19. Jh. assimiliert. Viele ihrer schönen Häuser blieben original erhalten.

DIE WANDERUNG IN KÜRZE

+ Anspruch

3 Std. Gehzeit

14 km Länge

Charakter: Streckenwanderung auf meist bequemen Wegen, längerer Abstieg von der Ruine der Bergfriedenbaude nach Hohen Zillerthal

Ausrüstung: Teleskopstöcke

Wanderkarte: Karkonosze 1 : 25 000, Verlag Plan, Jelenia Góra

Einkehrmöglichkeiten: Gasthäuser in Radzicz und Mysłakowice

Anfahrt: Mit dem **Bus:** Fernlinienbus von Berlin ZOB nach Karpacz (Fr 16 Uhr, So 18.30 Uhr). Busse von Jelenia Góra nach Karpacz-Biały Jar (Endhaltestelle). **PKW-**Anreise aus Tschechien über die E 65 (Grenzübergang Harrachov– Jakuszyce). In Piechowice auf die Nebenstraße Nr. 366 abbiegen. Aus dem Großraum Berlin über die A 13 und A 15 (Grenzübergang Forst–Olszyna) auf der E 36 bis zum Abzweig Bolesławiec, weiter auf der Nebenstraße Nr. 297 nach Jelenia Góra, von hier erst Richtung Kowary und am Abzweig Mysłakowice nach Karpacz. Aus Richtung Dresden über Bautzen auf der A 4 zum Grenzübergang Ludwigsdorf–Jędrzychowice, weiter auf der Hauptstraße Nr. 30 nach Jelenia Góra und Karpacz. Kleiner Parkplatz auf Privatgelände gegenüber der Tankstelle in Biały Jar.

Rückfahrt: Linienbus Jelenia Góra–Karpacz über Mysłakowice und Kowary

Von der Bushaltestelle Krummhübel/**Karpacz-Biały Jar** gehen wir an der Tankstelle vorbei die Straße hinab und biegen nach etwa 50 m links in den Fichtenwald ab. Der Weg ist anfangs nicht markiert und folgt dem Bachlauf der Lomnitz (Łomnica). An der sehenswerten **Staumauer** aus Granitsteinen (5 Min.) trifft der Weg auf die rot markierte Route, der wir ab hier folgen. Hinter der Staumauer führt der Weg nach links, leicht bergan nach Querseifen/**Płóczki** (15 Min.) mit einem Sanatorium, wo die Straße beginnt. Am höchsten Punkt wendet sie sich, wir

Wegweiser zur St.-Anna-Kapelle

folgen ihr nach rechts bergab. Der Landeshuter Kamm (Rudawy Janowickie) begrenzt den Horizont, davor liegt die Kleinstadt Schmiedeberg (Kowary). Etwa 200 m unterhalb biegt der rot markierte Weg scharf nach links ab. Im Frühsommer beleben die Farbtupfer der Roten Lichtnelke die Wiesen. Bevor wir den Wald erreichen, überqueren wir über eine Holzbohlenbrücke das Gründelwasser (Dziki potok). Im Rückblick dominiert das mächtige Schneekoppenmassiv. Fichten und Buchen erlauben nun keine Aussicht mehr; später gesellen sich auch Birken, Ebereschen und Lärchen dazu.

Bei Gutenbrunnen (Przełączka) mit Sport- und Spielplatz biegen wir nach rechts auf die gelb markierte Route ab. Ein hübsch geschnitztes Schild weist den Weg zur »kaplica św. Anny, 10 Min.«. Die St.-Anna-Kapelle/**kaplica św. Anny,** die wir nach etwa einer Stunde erreichen, schmiegt sich an den Westhang des bewaldeten Gräberberges (Grabowiec). Forsthaus und Sanatorium sind leider dem Verfall preisgegeben. Ganz in der Nähe wächst der dickste Ahorn des Riesengebirges: Sein Stammumfang beträgt 4 m. Von der Aussichtsterrasse vor der St.-Anna-Kapelle bietet sich eine schöne Aussicht auf den Kynast (Chojnik), das Isergebirge und den Riesengebirgshauptkamm mit Spindlerpass (Przełęcz Karkonoska) und Kleiner Sturmhaube (Mały Szyszak). In den unteren Tallagen breitet sich Mischwald aus, der sich im Frühjahr in verschiedensten Grüntönen präsentiert. Der Gutenborn sprudelt aus vier Rohren. Am Hang neben der Kapelle gedeihen viele Walderdbeeren.

Von der Kapelle folgen wir dem blau markierten Weg leicht bergan. Kurz hinter der Weggabelung, an der wir uns links halten, befindet sich der Eingang zu einem alten Bergstollen. An der **Ruine** der ehemaligen **Bergfriedenbaude** biegen wir links ab und folgen nun den roten Querbalken. Der schmale Pfad führt durch Fichtenwald steil bergab bis zur Straße bei Hohen Zillerthal (Radzicz). Wie der deutsche Ortsname schon verrät: Hier stehen wahrhaftig

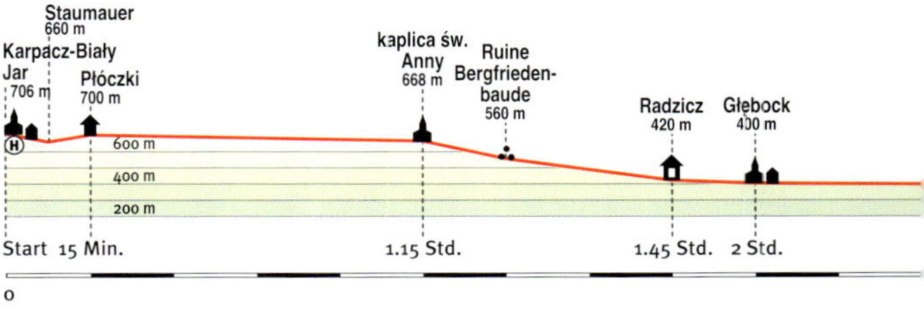

Tirolerhäuser. Bei der Mündung des Wegs in die Hauptstraße biegen wir links ab und stehen nach 50 m vor dem Gasthaus **Karczma Polska** (1.45 Std.). Es wurde originalgetreu restauriert und lädt zu einer längeren Rast ein. Der Besitzer spricht gut Deutsch. Vom Gasthaus folgen wir der Straße noch 300 m in Richtung Seidorf (Sosnówka), bis wir hinter dem Haus mit der Pferdekoppel nach rechts abbiegen. Vom Weg aus schauen wir auf Tirolerhäuser und neu angelegte Fischteiche. Auf fast ebenem Fahrweg kommen wir zügig nach Clausnitz/**Głębock** (2 Std.), das wahrhaft weltentrückt wirkt. Viele Gebäude befinden sich in bedauernswertem Zustand, so ein großes Fachwerkhaus, an dem wir links abbiegen. Am Dorf breitet sich eine Wiesenaue aus, über die hinweg der Blick zum Riesengebirgshauptkamm schweift. Vor dem letzten Gehöft zweigt der Weg zwischen zwei Apfelbäumen auf eine Wiesenanhöhe ab. Wer hier eine Weile im Gras sitzt, kann den herrlichen Schneekoppenblick in aller Ruhe genießen. Gleich hinter der alten Steinbrücke wendet sich der rot markierte Weg nach rechts und wir treffen auf zwei Tirolerhäuser; eins davon wurde vollständig modernisiert. Am blauweißen Geländer lohnt es sich, rechts die Stufen zum Hochwasserschutzdamm hinaufzusteigen: Am Horizont grüßt in eindrucksvoller Schönheit nochmals die Schneekoppe. Durch eine Eichenallee gelangen wir zur Hauptstraße Karpacz–Jelenia Góra, überqueren sie und erreichen die ersten Häuser von Zillerthal-Erdmannsdorf (Mysłakowice). Bis zum Ziel folgen wir nun der Asphaltstraße, über die Lomnitz und vorbei am Restaurant Pod Kasztanami. Wir kreuzen die Bahngleise und haben gegenüber vom Bahnhof die Bushaltestelle in **Mysłakowice** (3 Std.) erreicht.

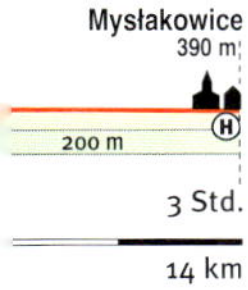

Gutenborn und St.-Anna-Kapelle

Der unterhalb der Kapelle sprudelnde Born zog bereits in vorchristlicher Zeit die Menschen magisch an und war ein Schauplatz des Aberglaubens: So heißt der Weg von Seidorf (Sosnówka) zur Kapelle noch immer Hexentreppe (Babia ścieżka). Um dem Spuk ein Ende zu bereiten, ließ der Fürst von Schweidnitz-Jauer über der Quelle bereits im 13. Jh. die St.-Anna-Kapelle errichten. 1719 wurde sie im Grundriss einer Ellipse erweitert und erhielt den Barockaltar aus der Laurentiuskapelle vom Schneekoppengipfel. 1942/43 und 2001/02 wurde das Gebäude umfassend rekonstruiert. Ein Orakelbrauch hat sich bis heute erhalten: Wer mit dem Wasser des Gutenborns im Mund schnellen Schrittes siebenmal die Kapelle umrundet, wird bald seine große Liebe finden!

Tirolerhäuser

Im Jahre 1837 zogen Bergbauern aus dem Tiroler Zillertal nach Schlesien. In ihrer Heimat sollten sie ihrem evangelischen Glauben abschwö-

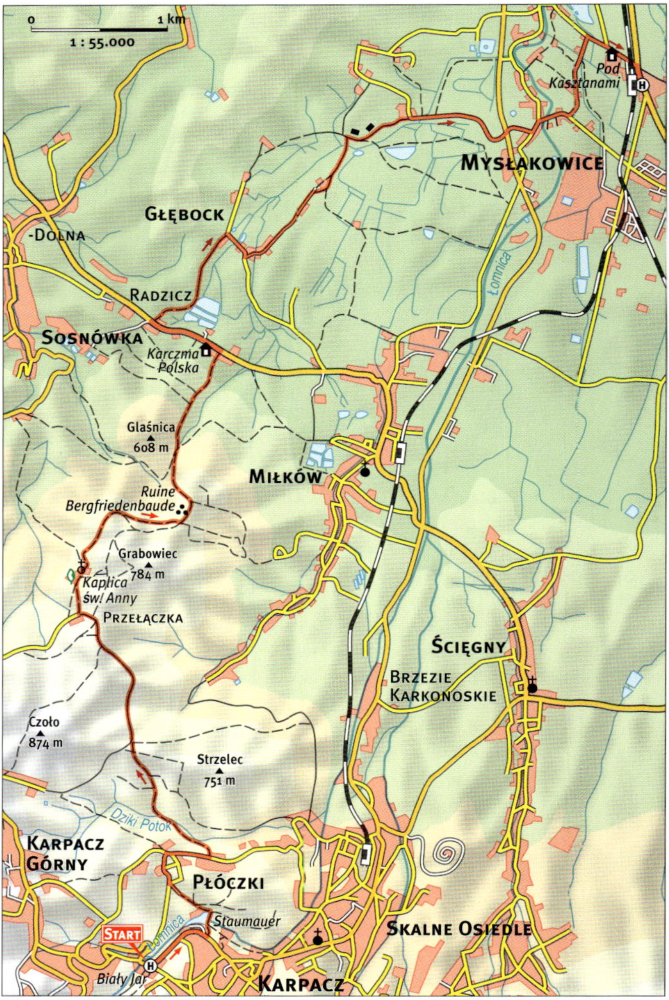

ren: Für 400 Menschen kam dies nicht in Frage. Auf Einladung König Friedrich Wilhelms III. fanden sie am Fuße des Riesengebirges politisches Asyl. Bei Erdmannsdorf gründeten die Neuankömmlinge den Ortsteil Zillerthal. Hier erbauten sie die typischen zweigeschossigen Gebäude mit breitem überstehendem Dach und hölzernem Umgang mit verziertem Geländer. Viele Häuser dienen noch immer zur Hälfte als Wohngebäude und zur Hälfte als Stall oder Scheune. Bis heute gibt es in der Umgebung von Zillerthal noch 160 Tirolerhäuser.

Schatzkammer und Aussicht

Von Krummhübel auf Eulenpass und Tafelstein
Der kürzeste Weg von Krummhübel (Karpacz) auf den Hauptkamm führt durch den wildromantischen Eulengrund, eine geologische Schatzkammer. Der Tafelstein bietet eine grandiose Aussicht aufs Riesengebirge und die verstreuten Ortsteile von Krummhübel.

DIE WANDERUNG IN KÜRZE

+++ Anspruch

3.45 Std. Gehzeit

13 km Länge

Charakter: Rundwanderung mit langem Aufstieg und sehr schwerem Abstieg

Ausrüstung: Teleskopstöcke, Proviant, Wasser

Wanderkarte: Karkonosze 1 : 25 000, Verlag Plan, Jelenia Góra

Einkehrmöglichkeiten: Unterwegs keine

Anfahrt: Mit dem **Bus:** Fernlinienbus von Berlin ZOB nach Karpacz (Fr 16 Uhr, So 18.30 Uhr). Busse von Jelenia Góra nach Karpacz (Haltestelle an der Restauracja Bachus). **PKW**-Anreise aus Tschechien über die E 65 (Grenzübergang Harrachov–Jakuszyce). In Piechowice auf die Nebenstraße Nr. 366 abbiegen. Aus dem Großraum Berlin über die A 13 und A 15 (Grenzübergang Forst–Olszyna) auf der E 36 bis zum Abzweig Bolesławiec, weiter auf der Nebenstraße Nr. 297 nach Jelenia Góra, von hier erst Richtung Kowary und am Abzweig Mysłakowice nach Karpacz. Aus Richtung Dresden über Bautzen auf der A 4 zum Grenzübergang Ludwigsdorf–Jędrzychowice, weiter auf der Hauptstraße Nr. 30 nach Jelenia Góra und Karpacz.

Parkplätze an Restauracja Bachus und Hotel Skalny.

Die Tour beginnt an der Hauptstraße ul. Konstytucji 3 Maja im Zentrum von Krummhübel/**Karpacz,** am Gasthof Gerichtskretscham/**Restauracja Bachus.** Wir gehen vom Gasthof die ulica Mikołaja Kopernika entlang, vorbei an der Infotafel (Stadtplan) und einer kleinen Parkanlage mit vielen Sitzbänken. An der Gabelung halten wir uns links und kommen am Museum für Sport und Touristik vorbei, das in einem schönen alten Umgebindehaus untergebracht ist. Bereits in deutscher Vergangenheit beherbergte das »Heimathäusel« regionale Sammlungen. Wir kommen an die Straße, die in den Ortsteil Wolfshau (Wilcza Poręba) führt. Hier biegen wir rechts ab und folgen der grünen Markierung. Vorbei an den Hotels Skalny und Promyk (mit sehr gutem asiatischem Restaurant) gelangen wir an ein Straßen-T. Wir biegen rechts ab, gleich im Anschluss nach links. Der Weg ist jetzt bis zum Eulenpass schwarz markiert. Wir wandern auf einem Fahrweg durch Mischwald, neben dem Weg rauscht die Blagnitz (Płomnica) zu Tale. Kurz hinter dem Wasserwerk mit der Jahreszahl 1926 kommen wir an ein Wege-T. Wir gehen nach rechts über die Brücke/**Szeroki Most** (45 Min.), an der Kreuzung beim überdachten Rastplatz nach links. Immer weiter geht es sanft bergan, die steile Nordflanke der Schwarzen Koppe (Czarna Kopa) ragt wie eine riesige dunkle Mauer vor uns auf.

Im Eulengrund (Sowia Dolina) können wir die Wegebaukunst der Riesengebirgler besichtigen: Der Unterbau aus Steinen hat bis heute allen Wetterkapriolen standgehalten. Wir befinden uns in einem Altbergbaugebiet: Im 15. Jh. fanden Bergleute hier granathaltiges Gestein. Ein Felsen am Hang der Schwarzen Koppe heißt deshalb Granatfelsen (Granaty). Dort blieben auch mittelalterliche Stollen erhalten. Man förderte Blei-, Kupfer- und Silbererz zu Tage. Die berühmtesten Schatzsucher kamen aus Venedig, fast alle sollen bei ihrer Rückkehr reiche Männer gewesen sein. Ihrer zumeist romanischen Herkunft wegen nannte man die Glücksritter Wallonen. An zahlreichen Felsen haben die Fremden verschiedene Zeichen hinterlassen, die Stoff für immer neue Legenden lieferten.

Das ausgeprägte Kerbtal öffnet sich schließlich, hier wächst junger Mischwald heran. An der Gabelung halten wir uns halblinks, der Fahrweg wandelt sich bald in einen steinigen Pfad. Am Unterstand überschreiten wir eine Brücke, danach beginnt der schweißtreibende Aufstieg. Nach dem Eintritt in den Fichtenwald ist der Untergrund stellenweise feucht und glitschig.

Am Eulenpass/**Przełecz Sowia** (1.45 Std.) treffen wir auf eine Schutzhütte. Die hiesige Wegkreuzung ist zugleich Fußgängergrenzübergang nach Böhmen. Wir biegen links ab und gehen jetzt ein Stück auf dem blau-rot markierten Hauptkammweg. An der nächsten Gabelung halten wir uns halblinks, der Weg zum Tafelstein ist blau markiert und gleichzeitig polnisch-tschechische Staatsgrenze. Immer wieder glänzt Glimmerschiefer golden und silbern in der Sonne.

Der Tafelstein/**Skalny Stół** (2 Std.) ist seit Jahrhunderten ein bedeutender Grenzpunkt. Auf einem der Felsblöcke befinden sich neben dem heutigen Grenzstein die Reste eines der ältesten Grenzsteine im Riesengebirge: Zu erkennen sind noch die eingemeißelten Initialen C. L. mit der Jahreszahl 16 (65), die bei-

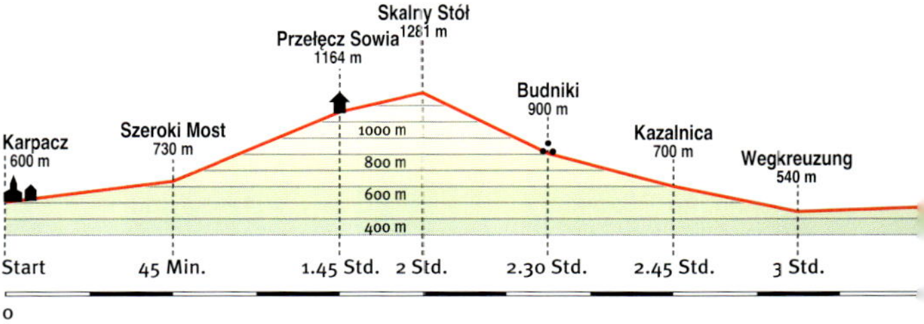

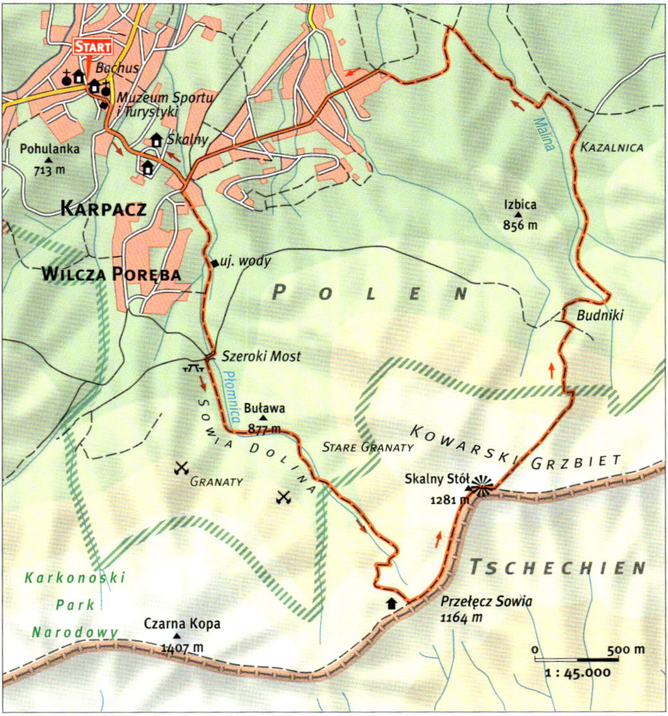

den letzten Ziffern sind leider abgebrochen. Wegen des seitlichen Standpunktes erblickt man vom Tafelstein fast den ganzen Riesengebirgshauptkamm in einer malerischen Verschiebung. Von rechts nach links sind das verstreute Krummhübel, dahinter die Silhouette von Burg Kynast, das Isergebirge, die ehemalige Schneegrubenbaude, Mittagstein und Silberkamm, Schlesierhaus und Hochwiesenberg zu sehen. Vor uns, direkt gegenüber, ragt die mächtige Schwarze Koppe auf, die ihrem Namen alle Ehre macht. Dahinter lugt die Schneekoppe empor, weiter links erkennt man den Fernsehturm auf dem Schwarzen Berg.

An der Gabelung auf dem Plateau des Tafelsteins gehen wir links und folgen ab hier der gelben Markierung. Jetzt beginnt ein schwerer halbstündiger Abstieg durch knorrigen, moosbewachsenen Fichtenwald. Wir erreichen ein Wege-T, wo wir links abbiegen, etwa 100 m wei-

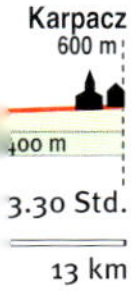

ter rechts . An der Lichtung mit den drei großen Bergahornen und einer Linde standen einst die Forstbauden/**Budniki** (2.30 Std.). Die kleine Ansiedlung wurde im Dreißigjährigen Krieg von böhmischen Protestanten gegründet. Nach dem Vertreiben der Bewohner 1945/46 verfielen alle Gebäude. Am Wege-T vor der Sitzbank gehen wir rechts hinunter. Nach dem Überqueren des Forstlangwassers (Malina) folgen wir dem Bach am rechten Ufer weiter auf dem gelb markierten Pfad ins Tal. Kanzel/**Kazalnica** (2.45 Std.) heißt die Felsgruppe an der nächsten Brücke. Bei der Gabelung am Jagenstein 251 verlassen wir den gelb markierten Weg und halten uns halb links. Der unmarkierte Pfad verläuft ein Stück oberhalb des Baches durch ein Birkenwäldchen. Wir treten durch ein Aufforstungsgatter und bleiben in Bachnähe. Mehrere Trampelpfade biegen nach rechts ab, wir aber behalten die Richtung bei. Wir überqueren das Forstlangwasser auf Steinen im Bachbett. Hinter der Furt nutzen wir den Pfad am linken Bachufer. Wir kommen an einer Wildfütterung vorbei und haben einen breiten Fahrweg erreicht, der nun wieder ein bequemes Wandern ermöglicht. An den nächsten beiden Gabelungen gehen wir jeweils links und erreichen so die **Wegkreuzung unmarkiert/grün** (3 Std.), wo wir links abbiegen und der grünen Querbalkenmarkierung folgen, bis wir die ulica Skalna erreicht haben. Entlang der Straße reihen sich stattliche Wohnhäuser und Pensionen; mehrmals sehen wir die Schneekoppe von ihrer imposanten Seite. Hinter der Straßenbrücke treffen wir auf unsere heutige Aufstiegsroute, an dieser Stelle biegen wir rechts ab. Vorüber an den Hotels Promyk und Skalny folgen wir dem Hinweisschild zum Muzeum Turystyki nach links. Kurz hinter dem Museum für Sport und Touristik endet die Tour in **Karpacz** an der **Restauracja Bachus** (3.45 Std.).

Rast am Eulenpass

Schweizerhaus und Schlösser

Von Jannowitz über die Falkenberge nach Lomnitz

Der Landeshuter Kamm riegelt das Hirschberger Tal nach Osten hin ab. Die abwechslungsreiche Landschaft ist als Naturpark geschützt. Vorbei an einer Burgruine, einem Schweizerhaus und drei Schlössern genießen wir herrliche Aussichten auf das Riesengebirge.

DIE WANDERUNG IN KÜRZE

+ Anspruch

3.15 Std. Gehzeit

14 km Länge

Charakter: Streckenwanderung auf meist bequemen Wegen, längere Auf- und Abstiege

Ausrüstung: Teleskopstöcke

Wanderkarte: Rudawy Janowickie 1 : 30 000, Verlag Plan, Jelenia Góra

Einkehrmöglichkeiten: Imbiss im Schweizerhaus (9–20 Uhr), Hotels in Wojanów und Łomnica

Anfahrt: Mit der **Bahn** aus Jelenia Góra Richtung Wałbrzych-Główny, Fahrzeit: ca. 15 Min., Fahrplaninfos: www.bahn.de

Rückfahrt: Stadtlinienbus Nr. 11 aus Łomnica nach Jelenia Góra, Fahrzeit: ca. 20 Min.

Wir starten am Wegweiser vor dem **Bahnhof** in Jannowitz/**Janowice Wielkie** und folgen der grünen Querbalkenmarkierung. Die mit Kopfsteinen gepflasterte herrliche Allee Schwedischer Mehlbeeren steht als Naturdenkmal unter Schutz. An ihrem Ende gehen wir nach rechts und dann gleich wieder links, vorbei an einer Gärtnerei. Nach einer Viertelstunde ist der Naturpark Rudawski Park Krajobrazowy mit märchenhaftem Mischwald, darunter auch Douglasien und Weymouthskiefern, erreicht. Eine Furt mit Steinen führt durch den Hüttenbach (Hutniczy potok). Weiter oberhalb stehen fast ausschließlich alte Buchen. Das Bolzenschloss/**zamek Bolczów** (30 Min.) ist heute nur noch eine romantische Ruine. Der anschließende Abstieg endet am Wege-T (45 Min.), wo wir der Straße nach links folgen, parallel zum Minzebach (Janówka). An der Gabelung hinter der Brücke halten wir uns rechts. Es folgt der Aufstieg im Fichtenhochwald, vielerorts sind große und kleine Granitfelstürme zu entdecken. Später mündet der grün markierte Weg abermals auf eine Forststraße. Wir folgen der Kehre nach rechts und können am Horizont bereits die Falkenberge (Góry Sokole) sehen. Am Fischbacher Pass/**Karpnicka Przełęcz** (1.30 Std.) befindet sich ein bewachter Parkplatz. Gegenüber führt uns ein Fahrweg geradewegs zum Schweizerhaus/**Szwajcarka** (1.45 Std.). 1828 wurde es als königliches Forsthaus erbaut und später zur Touristenherberge umgewandelt. Im Schatten einer alten Linde verschnaufen die meisten Gäste,

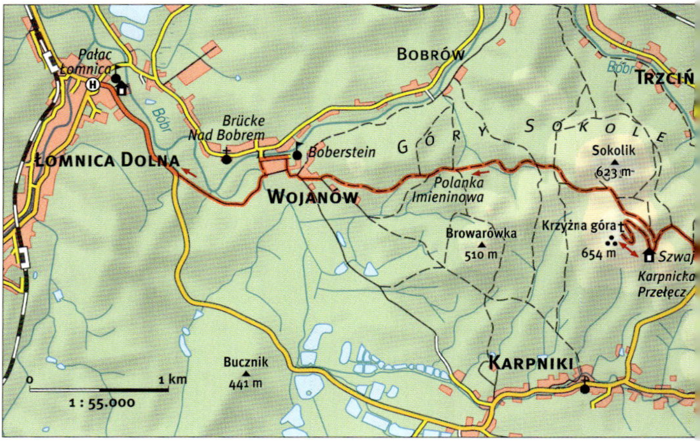

ehe sie weiter auf den Gipfel des Kreuzberges/**Krzyżna góra** (2 Std.) hinaufkraxeln.

Für diesen lohnenden Abstecher verlassen wir die grüne Markierung und halten uns beim Auf- und Abstieg auf derselben Route an die schwarze Querbalkenmarkierung. Über der Aussichtsgalerie erhebt sich ein vier Meter hohes gusseisernes Gipfelkreuz (1832). Fast das gesamte Hirschberger Tal liegt dem Betrachter zu Füßen, eingerahmt vom Riesengebirge und dem Landeshuter Kamm.

Nach dem Abstieg vom Kreuzberg gehen wir weiter links bergab (grüne Markierung). Über den Wipfeln der Fichten ragen rechts die beiden Granittürme des Forstberges (Sokolik) empor – ein sehr beliebter Aussichts- und Kletterfelsen. Vorbei an einer Baumschule und weiter unterhalb über eine Holzbohlenbrücke stehen wir bald auf der Wiese **Polanka Imieninowa** (2.30 Std.) mit Blick aufs Riesengebirge. Unter einer Wildkirsche lässt es sich angenehm pausieren. Beim Wege-T am Ortseingang Schildau (Wojanów) biegen wir rechts ab. Nun taucht eine riesige Granitsteinmauer mit Zinnen auf, der wir links herum folgen. Am Straßen-T vor dem Schlosseingang gehen wir nach rechts, um das Schloss Boberstein zu besichtigen. Vom Schloss führt der Weg geradeaus bis zur Boberbrücke/**Nad Bobrem** (3 Std.). Hier verlassen wir die grüne Markierung. Am Trafohäuschen führt links ein unmarkierter Feldweg am Ortsrand entlang. Am

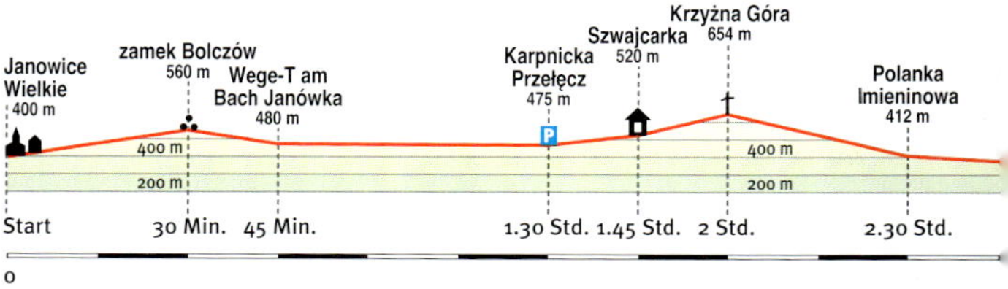

Wege-T vor dem letzten Haus von Schildau führt uns der Weg rechts über einen Bach und weiter zu einer Eichenallee. Wo die Eichen weichen, lässt sich ein letzter schöner Blick zu den Falkenbergen erhaschen. Auch das Riesengebirge zeigt sich in seiner ganzen Schönheit. Der Blick auf das Vorland scheint sich seit Jahrhunderten nicht verändert zu haben: Keine Siedlung, kein Hotel stört die Harmonie der Natur. Unser Weg mündet schließlich in die Straße zwischen Fischbach (Karpniki) und Lomnitz (Łomnica), wir folgen ihr nach rechts. Der Bober (Bóbr) schlängelt sich unterhalb durch einen weitläufigen Park. Das Gartenkunstwerk trägt die Handschrift von J. P. Lenné. Im Park versteckt sich das Schildauer Schloss im Stil englischer Neugotik. Kurz vor dem Ortseingangsschild Łomnica führt ein schmaler Pfad in den Park. Am Rand der Böschung gelangen wir schnell zum Schloss Lomnitz (Pałac Łomnica), eigentlich das ehemalige Witwenhaus. Berliner Nachkommen des letzten deutschen Eigentümers haben hier ein Hotel und Restaurant eröffnet. Das Schloss nebenan soll in den nächsten Jahren komplett rekonstruiert werden und als deutsch-polnisches Kulturzentrum dienen.

Noch 200 m auf der Straße, dann ist links an der Kreuzung die **Bushaltestelle Łomnica** (3.15 Std.) erreicht.

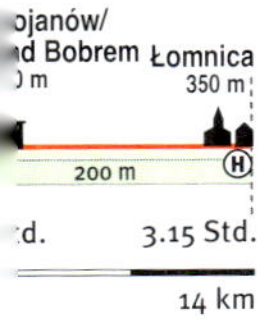

Bolzenschloss

Mitte des 14. Jh. empfahl Ritter Bolz, in Diensten des Herzogs von Schweidnitz-Jauer, den Bau einer Burg über dem Minzetal. Geschickt nutzte man das vorhandene Terrain mit zwei Granitfelsen, die durch Mauerwerk verbunden wurden. Nachdem die Schweden die Burg im Dreißigjährigen Krieg in Brand gesteckt hatten, verlor sie ihre militärische Funktion. Um 1850 ließ der Besitzer von Jannowitz, Wilhelm Graf zu Stolberg-Wernigerode, die Gemäuer restaurieren und ein Wirtshaus erbauen. Anfang des 20. Jh. eröffnete sogar eine Touristenherberge. Heute empfängt den Wanderer nur noch eine romantische Ruine. Der (freie) Eintritt erfolgt über den Festungsgraben und das Tor der Barbakane.

Schloss Boberstein

Die Residenz des Grafen Schaffgotsch verwandelte sich seit Anfang der 1970er Jahre allmählich in eine

Ruine: Die Kommunistische Partei gab die Erlaubnis, die Dachziegel herunterzunehmen und für den privaten Hausbau zu verwenden. In der folge stürzte das Dach ein und das ganze Gemäuer nahm großen Schaden. Jetzt bemüht sich ein gemeinnütziger Förderverein um den Wiederaufbau, die Baustelle darf besichtigt werden. Das Nebengelass dient als deutsch-polnisches Begegnungszentrum. Gern bedient man die Gäste mit Kaffee und Kuchen.

Ruine des Bolzenschlosses

Ortsnamen

Deutsch – Tschechisch/Polnisch

Adlerfels – Orla Skała
Agnetendorf – Jagniątków
Albendorfer Kalksteinbrüche – Albeřické lomy
Altbunzlau – Stará Boleslav
Alter Bucharweg – Stará Bucharova cesta
Ambrosius-Blick – Ambrožova vyhlídka
Aupa – Úpa
Aupafall – Horní Úpský vodopád
Aupagrube – Úpská jáma
Aupamoor – Úpské rašelinště
Baberhäuser – Borowice
Backofenstein – Zbójecka Grota
Bad Flinsberg – Świeradów Zdrój
Bärenbach – Medvědí potok
Bärengrundbaude – Medvědí bouda
Berghof – Horský dvůr
Bergschmiede – Kovárna
Blagnitz – Płomnica
Blaubach – Modrý potok
Blaugrund – Modrý důl
Bober – Bóbr
Böhmische Furt – Czeska Struga
Böhmisches Paradies – Český ráj
Bohnwiesbauden – Lučiny
Bolzenschloss – zamek Bolczów
Brunnberg – Studniční hora
Buchberg – Bukovec
Clausnitz – Głębock
Dessendorf – Desná
Dixkreuz – Dixův kříž
Dreisteine – Pielgrzymy
Dreistein – Černá skála
Eisenkoppe – Železná hora
Elbe – Labe
Elbfallbaude – Labská bouda
Elbfall – Labský vodopád
Elbwiesen – Labská louka
Emmaquelle – Emin pramen
Emmaquellenbaude – Jelenka
Eulenberg – Sowiniec
Eulengrund – Sowia Dolina
Eulenpass – Soví sedlo/Przełecz Sowia
Eulensteine – Sowie Skały

Falkenberge – Góry Sokole
Faltisweg – Žlutá cesta
Finkenberg – Pěnkavčí vrch
Finsterstein – Šeřín
Fischbach – Karpniki
Fischbacher Pass – Karpnicka Przełęcz
Forstbauden – Budniki
Forstberg – Sokolik
Forstlangwasser – Malina
Friesbauden – Friesovy boudy
Fuchsberg – Liščí hora
Fuchskämmlein – Liščí hřebínek
Fuchswiese – Liščí louka
Gablonz a. d. Neiße – Jablonec nad Nisou
Geiergucke – Výrovka
Glaserdorf – Sklenařice
Goldhöhe – Zlaté návrší
Gräberberg – Grabowiec
Granatfelsen – Granaty
Grenzbauden – Pomezní boudy
Grenzeck – Roh hranic
Grenzwiese – Hala Szrenicka/Graniczna Łąka
Groß-Aupa – Velká Úpa
Große Kesselgrube – Velká Kotelní jáma
Große Schneegrube – Wielki Śnieżny Kocioł
Große Sturmhaube – Velký Šišák
Großen Lomnitz – Łomnica
Großer Teich – Wielki Staw
Großer Zacken – Kamienna
Großmannbaude – Bouda pod Sněžkou
Gründelwasser – Dziki potok
Gutenbrunnen – Przełączka
Habichtsbauden – Jestřábí boudy
Habichtsgebirge – Jestřebí hory
Hackelsdorf – Herlíkovice
Hain – Przesieka
Haindorf – Hejnice
Hampelbaude – Schronisko Strzecha Akademicka
Harrachsdorf – Harrachov
Hawirna – Havírna
Hawirnabach – Havírenský potok
Heidelberg – Přední Žalý
Heidewasser – Wrzosówka
Hermsdorf – Sobieszów
Heuschober – Stoh
Hexentreppe – Babia ścieżka
Hirschberg – Jelenia Góra
Hochstadt an der Iser – Vysoké nad Jizerou
Hochstein – Wysoki Kamień
Hochwiesenberg – Luční hora

Hofbauden – Dvoračky
Hoferbauden – Portášovy boudy
Hohes Zillerthal – Radzicz
Hoher Iserkamm – Wysoki Grzbiet
Hohes Rad – Vysoké Kolo/Wielki Szyszak
Hohler Stein – Zbójnickie skały
Horschitz – Hořice
Hubertusaussicht – Hubertova vyhlídka
Hüttenbach – Hutniczy potok
Hüttenbachfall – Huťský vodopád
Hüttenwasser – Huťský potok
Hutterskreuz – Hutterův kříž
Iser – Jizera
Jägerhütte – Lovecká chata
Jakobsthal – Jakuszyce
Jannowitz – Janowice Wielkie
Jeschken – Ještěd
Johannesberg – Janský vrch
Johannisbad – Janské Lázně
Jonabodenbaude – Bouda Jana
Kahler Berg – Lysá hora
Kanzel – Kazalnica
Katzenschloss – Kotki
Keilbach – Klínový potok
Keilbauden – Klínovy boudy
Kesselbach – Kotelský potok
Kesselgruben – Kotelní jámy
Kesselkoppe – Kotel
Kiesgraben – Rudný potok
Kläuselbach – Dřevařský potok
Kläuselbauden – Klausovy boudy
Klein-Aupa – Malá Úpa
Kleine Iser – Jizerka
Kleine Kesselgrube – Malá Kotelní jáma
Kleine Koppe – Kopa
Kleine Lomnitz – Łomniczka
Kleine Schneegrube – Mały Śnieżny Kocioł
Kleine Sturmhaube – Malý Šišák/Mały Szyszak
Kleiner Teich – Mały Staw
Klein-Iser – Jizerka
Kochel – Szklarska
Kochelfall – Wodospad Szklarki
Kochelfallbaude – Kochanówka
Kolbenkammbaude – Lysečinská bouda
Königgrätz – Hradec Králové
Korkonosch – Krkonoš
Kranichbach – Vosecká strouha
Krausebauden – Krausovy boudy
Kreuzberg – Krzyżna góra
Krummhübel – Karpacz

Krummseifen – Čertova strouha
Kuttenberg – Kutná Hora
Kynast – Chojnik
Kynastwasser – Choiniec
Landeshuter Kamm – Rudawy Janowickie
Leierbauden – Jelení boudy
Leischnerbaude – Bouda Růžohorky
Lomnitz – Łomnica
Lomnitzgrund – Kocioł Łomniczki
Löwengrund – Lví důl
Lubochfließ – Lubošská Bystřica
Ludwig-Schmidt-Blick – Šmídova vyhlídka
Mädelsteine – Dívčí kameny
Makow – Makov
Mannstein – Waloński kamień
Mannsteine – Mužské kameny
Mariafels – Owcze Skały
Marschendorf – Horní Maršov
Martinsbaude – Martinova bouda
Martinstal – Martinské údolí
Melzergrund – Kocioł Łomniczki
Melzergrundbaude – Schronisko Nad Łomniczką
Mittagstein – Słonecznik
Mohornmühle – Spáleny Mlýn
Muchow – Muchov
Mummel – Mumlava
Mummelfall – Mumlavský vodopád
Mummelfallbaude – Mumlavská bouda
Neue Schlesische Baude – Schronisko na Hali Szrenickiej
Neuhäuser – Nové Domky
Nieder Klein-Aupa – Dolní Malá Úpa
Niederschreiberhau – Szklarska Poręba-Dolna
Ober-Albendorf – Horní Albeřice
Obere Schüsselbauden – Horní Mísečky
Oberhohenelbe – Hořejší Vrchlabí
Oberschreiberhau – Szklarska Poręba-Górna
Ochsengraben – Volský Důl
Pantschefall – Pančavský vodopád
Pantschewiesen – Pančavská louka
Pasek an der Iser – Paseky nad Jizerou
Peterbaude – Petrova bouda
Petersdorf – Piechowice
Petzer – Pec pod Sněžkou
Planur – Přední Planina
Planurbaude – Bouda na Pláni
Plattenberg – Zadní Planina
Polaun – Polubný
Prager Baude – Pražská bouda
Pratsch – Brocz
Prichowitz – Příchovice

Pudelfall – Pudlavský vodopád
Quargsteine – Tvarożnik
Querseifen – Płóczki
Rehornbaude – Rýchorská bouda
Rehornbrunnen – Rýchorská studánka
Rehornkreuz – Rýchorský kříž
Reichenberg – Liberec
Reifträger – Szrenica
Rennerbach – Rennerův potok
Rennerbaude – Rennerovka
Rennerkreuz – Rennerův kříž
Richterbauden – Richterovy boudy
Richterwasser – Zelený potok
Riesengrund – Obří důl
Riesenkamm – Obří hřeben
Rochlitz an der Iser – Rokytnice nad Jizerou
Rosenberg – Růžová hora
Rösslerbaude – Chata Turnovská
Rotherwasser – Czerwień
Rübezahlkanzel – Czarcia Ambona
Rübezahls Grab – Grób Karkonosza
Rübezahls Lustgärtchen – Krakonošova zahrádka
Rübezahls Rosengarten – Růženčina zahradka
Saalberg – Zachełmie
Sahlenbach – Rokytno
Sankt Peter – Svatý Petr
Sausteine – Trzy Świnki
Schildau – Wojanów
Schlesierhaus – Dom Śląski
Schlesisch Börnel – Szrenickie Mokradła
Schlesischer Sattel – Slezske sedlo
Schmiedeberg – Kowary
Schneegrubenwasser – Wrzosówka
Schneekoppe – Sněžka, Śnieżka
Schneeschuhweg – Dřevařská cesta
Schreiberhau – Szklarska Poręba
Schüsselberg – Medvědín
Schwarzbrunnkamm – Černostudniční hřbet
Schwarzbrunnwarthe – Černá studnice
Schwarze Desse – Černá Desná
Schwarze Koppe – Svorová hora
Schwarzenbergmoor – Černohorské rašeliniště
Schwarzenthal – Černý Důl
Schwarzer Bach – Černý potok
Schwarzer Berg – Černá hora/Czarna Góra
Schwarzschlagbaude – Černá bouda
Schweinepfütze – Svinské louže
Schweizer Baude – Švýcarská bouda
Schweizerhaus – Szwajcarka
Seidorf – Sosnówka

Seifenbach – Ryzí potok
Siebengründe – Sedmidolí
Silberbach – Čistá
Silberkamm – Stříbrný hřbet/Srebrny Upłaz
Simabergbauden – Šímovy chalupy
Spindlerbaude – Špindlerova bouda
Spindlermühle – Špindlerův Mlýn
Spindlerpass – Przełęcz Karkonoska
St. Peter – Svatý Petr
Stern – Hvězda
Tafelstein – Skalny Stół
Tannenwasser – Jodłówka
Teichbaude – Samotnia
Teichmannbaude – Orlinek
Teufelsberg – Čertova hora
Teufelsgärtchen – Čertova zahrádka
Teufelsgrund – Čertův důl
Teufelskamm – Čertova pláň
Teufelswiese – Čertova louka
Thomaskreuz – Tomášův kříž
Todeskurve – Zakręt Śmierci
Töpferbauden – Hrnčířske boudy
Totenboden – Hlušiny
Trautenau – Trutnov
Veilchenspitze – Violík/Łabski Szczyt
Vogelberg – Čihadlo
Vogelstein – Ptačí kámen
Wachtstein – Skalny Grzyb
Waldbaude – Lesní bouda
Walschabauden – Vlašské boudy
Warmbrunn – Cieplice
Weiberberg – Babiniec
Weißbach – Biały Potok
Weißbachsteine – Białe Skały
Weiße Wiese – Bílá louka
Weißer Flins – Izerskie Garby
Weißwasser – Bílé Labe
Weißwassergrundbaude – Bouda u Bílého Labe
Welscher Kamm – Vlašský hřeben
Wiesenbaude – Luční bouda
Wolfskamm – Vlčí hřeben
Wossekerbaude – Vosecká bouda
Zackelfall – Wodospad Kamieńczyka
Zackelfallbaude – Schronisko Kamieńczyk
Zackelklamm – Wąwóz Kamieńczyka
Zackerle – Kamieńczyk
Zehgrund – Zelený důl
Ziegenrücken – Kozí hřbety
Zuckerschale – Chybotek

Register

Abbildungsnachweis

Alle Fotos: Kerstin und André Micklitza, Cottbus

Kartografie: DuMont Reisekartografie

Impressum

Titelbild: Unterwegs zur Schneekoppe

Über die Autoren: Kerstin und André Micklitza arbeiten als freie Reisejournalisten für mehrere Tageszeitungen und Reisemagazine. In den letzten Jahren fanden Fotoausstellungen über Polen und Tschechien in Brandenburg und Sachsen ein interessiertes Publikum. Im Jahr 2000 wurden die Autoren von der Polnischen Organisation für Touristik für hervorragende Promotion Polens in den Medien ausgezeichnet.

Die deutsche Bibliothek – CIP-Einheitsaufnahme

Micklitza, Kerstin:
Wandern im Riesengebirge : 30 Touren, exakte Karten, Höhenprofile / Kerstin und André Micklitza. – Köln : DuMont-Reiseverl., 2002
(DuMont aktiv)
ISBN 3-7701-5535-1

Graphisches Konzept: Groschwitz, Hamburg

Druck: Rasch, Bramsche
Buchbinderische Verarbeitung: Bramscher Buchbinder Betriebe

ISBN 3-7701-5535-1